**图书在版编目（CIP）数据**

大学年轻教师选聘优化论／罗兰著．—长沙：湖南师范大学出版社，2012.11

ISBN 978－7－5648－0680－4

Ⅰ．①大…　Ⅱ．①罗…　Ⅲ．①高等学校—青年教师—聘用—研究—中国
Ⅳ．①G645.11

中国版本图书馆 CIP 数据核字（2012）第 018140 号

**大学年轻教师选聘优化论**

罗　兰　著

◇责任编辑：赵亚梅
◇责任校对：胡晓军
◇出版发行：湖南师范大学出版社
　地址/长沙市岳麓山　邮编/410081
　电话/0731.88853867　88872751　传真/0731.88872636
　网址/http://press.hunnu.edu.cn
◇经销：湖南省新华书店
◇印刷：长沙利君漾印刷厂
◇开本：710 mm×1000 mm　1/16
◇印张：11.75
◇字数：200 千字
◇版次：2012 年 11 月第 1 版第 1 次印刷
◇书号：ISBN 978－7－5648－0680－4
◇定价：28.00 元

# 摘 要

大学年轻教师选聘是教师管理活动中的一项重要的研究，同时也是个实际意义非常强的问题。现行大学年轻教师的选聘，在大学和社会的发展当中，起到了重要的作用，但同时也存在一些问题与弊端。这些问题与弊端，在很大程度上涉及大学年轻教师选聘的岗位、候选人来源、选聘方式、物质保障、文化氛围、选聘制度六个方面的问题。本书从我国大学存在的实际问题着手，对大学年轻教师选聘制度进行理性的重新审视与思考，综合各学科理论知识，并借鉴国外大学先进经验，提出了优化的建议。本研究遵循“现状—问题—背后的缘由—对策与建议”的研究思路。

本书提出了这样的理论观点，即大学年轻教师的选聘归根溯源，包含三个层次的关系：人与自己——应聘者自身的状况，人与人——应聘者与整个团队人员的相处，人与环境——人与学校氛围、周边环境的相适。此外，本书考察了“选聘”的种种界说，并对其进行归纳与总结，提出了大学年轻教师选聘的内涵和其中所包含的维度，其维度分别为选聘原则、选聘岗位、选聘来源、选聘方式等方面，通过对大学年轻教师选聘的若干维度的详细分析最终落实到教学与科研等具体的活动上来。

本研究借助问卷调查与开放式访谈等研究方法，详细考察了我国现行大学年轻教师选聘工作背后所体现的问题，分析了其弊端，并阐述了当前我国的大学年轻教师选聘制度所带来的负面影响，包括欠缺公平、公正性，选聘年轻教师质量不高及其影响，等等。同时，论文还进一步详细地分析了导致大学年轻教师选聘问题生成的缘由，其中包括市场经济和社会的功利性，欠缺大学应有的思想与文化，制度保障缺乏等。

在找到问题并分析原因的基础上，本书从多学科的角度寻求理论上的支撑，并从国际化的视野下寻求突破，分别对美国、英国、日本三个国家的大学年轻教师选聘工作进行研究，总结经验加以借鉴；综合所研究之内容，针对高校学术团体这一特点，本书创新地提出了五大选聘战略：从单向选择到双向选择，从一元选聘到多元选聘，从来源单一到来源多样，从定时选聘到提前选聘，从一维设岗到多维设岗。

在我国大学年轻教师选聘工作方面，本书提出了六个方面的优化建议，实现双向选择模式，科学设岗，应聘者应来源广泛，采用科学多样的选聘方式，择时选聘不拘时间，在充足的物资基础上，给应聘者一个可以做研究的合适的文化氛围，并以优秀的成文的制度来保障选聘工作公平、公正地进行，从而真正地实现选优。

# 目 录

# 第一章 导 言

## 1.1 研究问题综述

在大学组织及高等教育系统中，大学教师是一个十分独特且又非常关键的群体。但遗憾的是，这个群体，并没有得到政府、院校行政权威力量的全面认识和深刻理解；行政力量对教师身份地位、行为方式等的设定又常常与大学教师对自身应有的生活方式、生存状态的认知之间存在严重差异。从以下案例当中，我们可以清楚地看到这种冲突：

德怀特·艾森豪威尔在哥伦比亚大学任大学校长期间，曾召集会见了一批教授。他明确地表达了这样一种意思：他非常高兴会见哥伦比亚大学的“雇员”。这种不合时宜的问候引起了一阵沉默，这个时候一位资深的教授站起来说：“尊敬的先生，我们不是哥伦比亚大学的‘雇员’，我们就是哥伦比亚大学！”①

从案例中，我们可以看到大学行政管理者和教师本身在大学与大学教师关系、大学的本质这样的问题上存在的认知差异：前者强调大学为主体，教师为从属关系；后者则强调教师主体的地位。笔者认为大学教师是高等教育内部实践（包括教学、科研以及直接为社会服务）的重要主体和核心行动者，正如克拉克·克尔认为：“在非常实际的意义上说，教职员整体上就是大学本身，是一所大学最重要的生产要素，是大学的荣誉源

① Wesley Shumar. College for Sale：a critique of the commoditization of higher education. London、Washington，D. C.：The Falmer Press，1997：102 - 103.

泉。教师们是这种机构的特有合伙人。”① 大学教师是专业人员，而且是一种独特的专业人员——学术专业，学术专业必须享有高贵的特权和必要的身份。

基于大学教师在大学中这种特殊身份与核心的地位，故大学教师的招募、甄选与聘任关系到大学办学的成败。著名的教育学家梅贻琦说过：大学者，非谓有大楼之谓也，而有大师之谓也。原哈佛大学校长康南特也说过：“大学的荣誉不在于它的校舍和人数，而在于它一代一代教师和学生的质量。”2009 年，温家宝总理在其《百年大计，教育为本》的工作报告当中指出：“百年大计，教育为本，教育大计，教师为本。有好的老师，才能有好的教育。要建设一支献身教育的高素质教师队伍。教育规划要把加强教师队伍建设作为一个重要内容，要采取有力措施吸引全社会最优秀的人才来当老师。”高校是培养人才的场所，要想培养出好的人才，首先要有高素质的教师，因此，作为高校人才资源的主体——教师队伍——已成为一支不可忽视的群体，他们对学校的教学和科研能力起着决定性作用。

由此，研究高校的师资队伍建设的一个重要环节——教师的选拔和聘用，是当前高校师资队伍建设中的核心课题，也是在高校改革中最具挑战、最受关注的话题之一。高等学校的教师招聘工作不仅是高校师资队伍建设的重要一环，同时也是高校人事管理的核心之一。教师招聘工作的成功与否，不仅决定着一所学校所培养的人才的质量，而且在很大程度上决定着一所学校发展的兴衰成败。

高等学校教师选聘这一环节，又以年轻教师的选聘尤为重要。一是年轻教师是大学的新鲜血液，他们代表了新生的力量，今日的年轻学者将会是明日的学术大师。二是大学年轻教师的选聘比具有职称和学术成果的学者招聘更加困难，因为年轻学者的选聘更加需要“慧眼”来识别“千里

---

① ［美］克拉克·克尔．大学的功用［M］．南昌：江西教育出版社，1993：70－71．

马”。年轻学者学术成果还不明显，如何在苹果还没有成熟的时候，挑选“优良”的果子是非常值得探讨的问题。张维迎教授认为，当学校面对一个年轻的求职者时，怎么判断这个人是一个好苗子还是一个不好的苗子呢？他形象地打了个比方，比如选体操运动员李宁，选他的时候教练要专门去他的家乡看看他父母长的什么样子，看他父母的身材，并测量李宁的大腿小腿的长度比例如何，然后综合这些信息看他以后能否成为世界冠军。张维迎教授还指出，选学者和选运动员不同，没有一个明确的生理的标准，更无法用生理上的指标衡量学者。① 因此，对大学年轻教师的招募与甄选问题，进行深入的研究是非常迫切并且必要的。

那么什么是大学年轻教师选聘的优化呢？20 世纪 90 年代初期，原湖南师范大学校长张楚廷教授在处理教授“断层”问题上，曾经提出：“即使面对的状况是同样的，即使都那样想着，却也要想得更好一些，首先是不同一些，有不同才可能有特殊，有‘更’出现（更快、更好、更先进）。”② 因此，一所大学的管理者更应该时时刻刻思考“更”字，在大学年轻教师的选聘工作当中，也应该努力思考“更”字。如何做到“更”好？这便是本书所谓的“优化”。也就是我们在寻求一个“次优”或者说“趋于优化”的状态，可以说是一个“动态”的优化过程，一个趋向于“更”好的一个渐进的过程。

本书所说的优化即趋于优化，具体优化的标准可以依笔者提出的“五大”战略进行考虑。首先从选聘人才的理念着手，选聘的方向问题。选择与被选择其实是个双向的问题，高校是否重视了双向选择的重要性，对于人才的获得具有非常重要的作用。其次，选聘的方法或者说标准问题。单一的标准肯定是行不通的，如何更加优化选择的标准，综合考虑各个方面的标准，选拔的人才会更加适合自己的岗位。再次，选聘来源的选择问

① 张维迎．大学的逻辑［M］．北京：北京大学出版社，2005：22.

② 张楚廷．张楚廷教育文集（第4卷）：校长叙论卷［M］．长沙：湖南教育出版社，2007：103.

题。来源包括地缘、学缘等，来源广泛，是优化的一个方向，学术界提倡“万马奔腾”，来源单一只能使得学术水平受限制。第四，选聘操作中是否遵循了科学的原则。一般选聘以需求设岗，那么对于科学性、前瞻性的考虑，可以说是优化的一个方向。最后，时机上的优化。新进年轻教师有着他自身的特点，属于特定的人群，如何选择合适的时机，对于高校以及应聘者来讲，也是很重要的，选择的时机对于无缝隙上岗培训，提供了时间上的支持，也使高校的用人效率得到了提升，是优化的一大战略。

大学新进年轻教师的选聘是一个不断优化的过程，选聘力求的是一种更优的状态。选聘当中，不可避免地会出现各种各样的问题，也不可能达到“没有问题”的境界，力求优化整个选聘的过程才是可行的方向。故本书立足于推动选聘工作的优化，达到“更好”的境界。以下，笔者将对所研究的问题进行文献回顾，首先从西方人力资本理论谈起。

## 1.2 研究问题回顾

### 1.2.1 关于人力资本理论研究的综述

起源于西方的人力资本理论，经过了漫长的变迁和发展。人们对于人力资本及其作用的认识，伴随着西方经济现代化进程不断深化。

经济学中，较早注意到人力资本问题重要性的，是被誉为现代西方经济学之父的亚当·斯密（A. Smith，1723—1790）。他在其经典著作《国富论》中指出：“一个国家全体居民的所有后天获得的有用能力是资本的重要组成部分。因为获得能力需要花费一定的费用，所以它被看作是在每个人身上固定的、已经实现了的资本。当这种能力成为个人能力的一部分时，也就成为了社会财富的一部分。”① 在亚当·斯密的论述当中肯定了每个人身上的“有用”能力是资本组成部分，即是社会财富的一部分。

在亚当·斯密之后，对人力资本进行着重论述的经济学家并不多，但

① 亚当·斯密．国富论［M］．北京：商务印书馆，1964：257－258.

英国经济学家约翰·穆勒对教育的强调值得我们关注。在《政治经济学原理》一书中，他指出，“技能与知识都是对劳动生产率产生重要影响的因素”，进而强调，人的这种能力应当同工具、机器一样被看作是国民财富的组成部分。由此，他得出结论，教育支出能够带来更多的国民财富，对教育的支出与其他公共事务支出是完全相容的。这里，约翰·穆勒肯定了对教育的支出，即对人的能力的培养对于国民财富的增长是非常重要的，技能和人的知识被认为是提高劳动效率的重要因素。

在此问题上，阿弗里德·马歇尔（Alfred Marshall）又进一步将人的能力具体分为“通用能力”以及“特殊能力”。“前者指决策能力、责任力、通用的知识与智力，后者指劳动者的体力与熟练程度。”①而在大学教师的聘任问题上，我们主要关注应聘者的通用能力。

美国经济学家欧文·费舍（Irving Fisher，1867—1947）在《资本和收入的性质》中明确地提出了一个完整的资本概念：“任何可以带来收益的东西（无论是有形的还是无形的）都可以称为资产，而这些资产的市场价格就是资本。”② 综合前文穆勒和马歇尔的论述，人力资本也在此列。

西方人力资本理论强调人在生产中的“决定性作用”。经济学家的论证，充分说明了具有专业知识和技术的高素质的人是推动经济增长和经济发展的真正动力。“知识效应”，甚至“知识经济”在人力资本理论强调人的主观作用下得以发展可见一斑。

### 1.2.2 国外对于大学教师选聘的研究动态

从宏观选聘制度上看，西方对于大学教师的聘用制度少有系统的研究。究其原因，可能主要与西方大学有着较强的自治传统有关。从操作层面看，大学教师聘用更多是院校自身的实践性事务。因此，国外对于大学教师的研究，首先提到的应该是从职业定位的角度，将大学教师作为一种“从事学术的职业”进行的研究。在现有著作当中，我们又可以注意到这

---

① 马歇尔．经济学原理［M］．北京：商务印书馆，1964.

② 舒尔茨．论人力资本投资［M］．北京：北京经济学院出版社，1990.

些研究有两种取向：

一是从国别的角度出发，论述某个国家的大学教师职业，具代表性的人物有英国的黑尔塞（A. H. Halsel）和马丁·特罗（Martin Trow），以及美国的菲力普·G. 阿特巴赫。黑塞尔和马丁·特罗合著的《英国的学术界》（*The British Academic*）从社会学的视角，对英国的大学教师职业加以综合性的论述。菲力普·G. 阿特巴赫（P. G. Altbach）的《比较高等教育：知识、大学与发展》主要从比较的角度对美国的大学教授职业进行了研究，他通过比较和分析，认为大学教师职业到处面临着挑战，这一职业的“黄金时期”已经结束。值得强调的是，他的著作也涉及选聘制度方面：通过研究，他发现，整个美国和世界上的其他国家，新的雇佣和晋升制度正在补充传统的教授职位的概念；终身聘用的教授的比例在许多国家正在稳步下降；在美国，大约35%的人是兼职教师，1/3以上的专职教师是定期聘用的，大学只允许专职教师作为主要研究人员，等等。

二是以时间为序列，对大学教师职业的综合性研究。如拉什德尔（Rashdall）和哈斯金斯（Haskins），他们对中世纪欧洲大学的教师职业进行了系统的研究，但遗憾的是，研究的内容主要是职业本身，对聘用制度的研究不多。

国外对大学教师选任制度的研究中，美国学者研究成果的涉及面比较宽，也相对比较深入。这与美国大学学术氛围和实际环境是分不开的。特别是在20世纪，在德国大学将科学研究作为大学职能之一的基础上，美国大学界通过“威斯康星”理念的确立和传播，创造性地赋予大学社会服务的新职能，在美国分权型的高等教育管理体制前提下，更使得美国大学逐步形成了竞争性的态势，为选聘制度研究奠定了良好氛围。“二战”以后美国高等教育大发展更是面临着大众化和普及化的挑战，大学教师职业与大学一样，在美国学术界，不断地被重新理解和审视，高等教育多元化发展的现实为教师选任制度的研究提供了丰富的实践素材。

20世纪60年代以来，对大学教师职业的研究逐步从宏观的对大学教师的探讨转向了对教师招募、续聘、晋升、终身制，以及与教师行为、态度、价值观等中微观领域的研究。

正如前文所提，西方现代大学一般都拥有实施教师聘任制的传统，使得他们少有这方面研究。但20世纪早期一些学者还是收集了有限的几所院校有关教师教育背景和雇佣问题的数据资料（Haggerty，1937）。真正专注于研究包括教师聘任制度在内的相对复杂的学术生活等领域，要以1942年洛根·威尔逊出版的《学术人》为起点。相对于其他国家，美国这方面的文献相对丰富和深入，这归功于美国院校研究学会。20世纪70年代以来，美国院校研究学会对大学教师聘用制度的研究，集中在对制度本身的反思和如何完善制度的探讨上，研究的内容种类繁多，涉及教师计划与政策研究，教师的招聘、保持与发展研究，教师工资模式研究，终身教授制度研究，教师工作绩效的测量与评价研究，提高学术生产力研究，甚至包括了基于劳动关系的集体谈判研究以及教师聘用中的平等问题研究（如男女平等、种族平等、初级和高级教师平等），等等。

成立于1915年的美国大学教授协会，是推动大学教师聘任研究和发展的另一主体。它是站在全体大学教师的立场上，高度关注大学教师权益的公益性教师组织。协会“致力于通过捍卫终身教职、学术程序和质量标准来促进学术自由”的宗旨，使得它自20世纪30年代以来，一直把主要的精力用来监督全国各个大学保障学术自由和实行终身教职制度的情况，并接受大学教师的投诉，提供咨询意见。同时，该组织还密切关注大学教师的生存状况，包括分类详尽的大学教师工资的调查和比较，大学教师职业收入与其他职业人员的比较，等等。

在微观层次上，2006年美国学者詹姆斯（James H. Stronge）与杰尼夫（Jennifer L. Hindman）出版了其著作《教师素质索引》，这本著作堪称甄选教师的调查书。在该书中，研究者就教师素质以及教师甄选进行了理论的探讨，并对甄选教师所经历的每个阶段，进行了详细而周全的实证研究，为大学教师的甄选提供了非常实用的技术支持，也体现了大学教师所应具备的基本素质、教学技巧与能力。这本著作可谓是一本很好的参考书，为大学的管理者提供了甄选的依据与具体可行的方法。

1979 年理查德（Richard D. Arvey）以及罗伯特（Robert H. Faley）就挑选雇员的公平性进行了相关的研究。在他们的研究当中，主要关注雇佣，尤其是选聘当中的歧视问题，涵盖以下四个方面的内容：（1）相关领域的历史背景，有关雇佣的法律发展，有关雇佣的起诉，还有该领域的研究发展。（2）实用的知识。有关雇员的甄选程序及在法律上得到保护。（3）建立了有关“不公平”的理论框架，主要是从法律与心理学两个角度进行的。（4）预测了从法律以及心理学角度，雇佣公平未来研究的方向。①

另外，1996 年罗伯特（Robert Aylett）以及肯尼斯（Kenneth Gregory）出版了《评价大学教师质量》一书，该书从评价教学，到讨论大学教师的素质，对有关教学胜任以及优秀教学进行了深入的研究。主要通过关注大学教师的教学来关注大学教师的素质。

这些学术成果都体现了招募与甄选当中的具体问题或相关问题。外国学者较早就具有了相关问题的微观思考，他们提出的建议体现了特定的方法与发展方向。

### 1.2.3 国内关于大学教师聘用制度的研究

与国外情况相比，我国研究略显滞后。在计划经济体制下，大学教师的招募和甄选乃至聘用都是通过计划和行政命令的形式进行的，大学教师在我国是一种事实上的终身制。

高等教育体制、结构、规模、效益等宏观领域的研究是 20 世纪 80 年代以来高等教育研究的主要关注点。我国学者在这个阶段对大学教师聘用制度这个相对中微观的问题的关注度不高，系统地对大学教师招募与甄选问题的研究还不多见，尤其是对于现实当中具体存在的问题关注不够。

20 世纪 90 年代以后，随着国家整体人事制度改革的推进，大学教师

---

① Richard & Robert. Fairnessin Selecting Employees［M］. New York：Addison-Wesley Publishing Company，1979.

聘用制度开始被关注，其中，聘任制成为研究的主要内容。为了便于分析有关的研究现状，现从大学教师聘用制度的综合研究角度，对既有研究成果分述如下：

从研究历史上看，我国关于教师聘用的研究可以追溯到国民政府时期。国民政府时期的研究，内容主要集中在大学教师聘任制度的形成以及聘任、晋升的标准和程序上。如通过对当时颁布的一系列法律法规以及部门规章的文本分析，有研究者指出，“1898 年，总理衙门筹议京师大学堂章程中关于‘聘用教席’的内容，是有关近代国立大学教师聘任制度的肇始”。而“1926 年广州国民政府颁布的《国民政府对于大学教授资格条例之规定》，应该被认为是近代中国国立大学教师评聘机制走向近代化的一个起点，同时也是近代中国大学教师聘任政策形成的标志”①。很多进行新中国成立以前历史分析的研究者对于当时的北京大学、清华大学等名校不拘一格选拔优秀人才的案例进行了描述与研究。②然而，对新中国成立以前大学教师聘用制的研究在这一时期并不多见。

对于现阶段大学教师聘任制的研究，郭丽君博士进行了较为全面的综述。她认为，国内对于大学教师聘任制的研究有一个分水岭，即 2003 年北京大学人事制度改革引发的广泛讨论。

2003 年以后，随着聘任制改革的推进与广泛铺开，相关的著作、论文集、文章以及学位论文逐渐多起来。这些文献既有大学改革者对大学改革思路的系统论述③，也有学者对聘任制改革中所折射出来的中国大学问题所进行的解剖与反思④；既有政府政策制定者对聘任制改革政策层面上的探讨与解释⑤，也有深受聘任制改革影响的高校教师对这一改革的各种观

---

① 邓小林．略论民初至抗战前夕国立大学教师的聘任问题［J］．清华大学教育研究，2004，(3)：10.

② 邓小林．近代中国大学教师聘任、晋升等问题．求索，2004，(1)：240－241.

③ 张维迎．大学的逻辑［M］．北京：北京大学出版社，2004.

④ 钱理群，高远东．中国大学的问题与改革［M］．天津：天津人民出版社，2003.

⑤ 吕玉刚．深化高校人事制度改革的几点思考［J］．中国高等教育，2005（7）.

点①；既有对国外大学成功的聘任制经验的总结②，也有对目前我国聘任制改革中的若干得失的分析③。

具体来说，我国目前关于大学教师聘任制度及其改革的研究取得的主要成果可归纳为以下几个方面：

（1）关于聘任制现存的问题。许多学者都对此进行了探讨。张维迎概括了现行教师人事管理制度的基本特征：一是教员队伍没有淘汰制；二是职务晋升以内部提升为主，缺乏外部竞争的压力；三是晋升标准过多考虑非学术的因素；四是近亲繁殖严重。总的来说，正如张维迎教授所指出的，“教师人事管理体制残留着计划经济时代的特征”。尽管当前进行了革新，但有很多学者认为目前的情况仍然不是“真正意义上的教师聘任制”。教师聘任制改革中存在一些突出的问题：聘任制流于形式，评价体系不健全，过多强调短期效益，管理工作不到位，等等。

（2）关于教师聘任制度的内涵。目前国内达成一致意见的是，大学教师聘任制是在高校和教师双向选择的基础上以聘任合同的形式把岗位职责、任职条件、招聘过程、任用管理、争议处理等环节同高校和教师双方的责任、权利、义务相组合形成的教师任用和管理制度体系。在我国国情与高等教育系统的特殊背景下，从应然的角度而言，聘任制具有深刻的内涵意义：第一，聘任制应是一种法律保障机制，保障高校与教师的合法权益；第二，聘任制应是一种人才竞争机制，最终实现人力资源的优化配置；第三，它还应是一种师德建设机制，鼓励教师“堪为师表，厚积薄发”；第四，聘任制应是一种组织文化构建机制，体现大学组织的个性特点；第五，它应该是一种职业生涯规划机制，实现高校与教师共同发展和相互促进；第六，它应是一种劳动价值实现机制，形成能够充分体现并积

---

① 阎光才. 对大学人事制度改革的反思［J］. 探索与争鸣，2003（10）.

② 汤全起. 美国高校师资管理机制探析［J］. 高等教育研究，2005.

③ 赵曙明，等. 建立现代大学制度的重要之举——深化我国高校人事制度改革的政策建议［J］. 高等教育研究，2005（4）.

极鼓励教师履行岗位职责和创造业绩的薪酬体系。[①]笔者认为，纪宝成从六个不同的角度对聘任制的特征阐述，对于深刻理解聘任制的内涵起到了很好的作用，也加深了学界对于聘任制度内涵的探讨层次；然而，对于大学聘任制的学术特征并没有得到重点关注，也是学界可以再深入探讨的问题。

（3）关于聘任制改革的策略。大学教师聘用制是一项系统工程，改革策略反映了改革所要实现的目标在特定的环境和条件下所可能选择的范围与路径。有学者认为，在当前阶段，聘任制改革重点应突出以下七个方面的转变：一是由封闭式管理向开放式管理转变，二是由重“资格聘任机制”向重“岗位聘任机制”转变，三是由论资排辈向竞争、激励约束机制转变，四是由行政任用关系向平等协商的聘任合同关系转变，五是由单一的用人形式向灵活多样的弹性用人机制转变，六是由教师岗位职数控制向结构比例宏观指导转变，七是由依靠教师个体能力单兵作战向创新团队协同攻关转变。[②] 笔者认为，这样七个方面的转变对于聘任制的改革还是具有很大的转变意义的。但是对于具体如何转变、转变如何到位这样的问题，有待进一步的深入分析，需要学界继续探讨。

（4）关于聘任制改革所引发的反思。这种反思在多个层面进行。第一种是将大学教师聘任制当作一个突破口，借以对作为组织存在的中国大学本身作出更为深刻的、广泛的、带有批评性质的探讨与反思。这涉及大学的理念、大学的组织管理制度、宏观的高等教育管理体制和微观的大学内部治理结构等。第二种是对教师聘任制度本身的反思与批判。如绩效考核制度中的量化原则的适切性问题，学术评议过程中的公平公正问题，改革过程中教师权益的法律保障问题，对聘任制过分功利主义所引起的各种现象的担忧，等等。第三种是对改革的原初基点进行质疑与追问，即对改革

---

① 纪宝成．贯彻科学发展观，改革与完善高校教师聘任制［J］．中国高等教育，2005（7）．

② 吕玉刚．深化高校人事制度改革的几点思考［J］．中国高等教育，2005（7）．

的潜在动机、问题意识、发展方向等问题的刨根问底，比如说为什么要改革？要改革什么？谁来改革或谁被改革？如何改？谁在改革中受益，谁在改革中受损？因而，我们必须对于教师聘任制改革当中的实际问题、具体问题多一些关注，多一些探讨。

从上面的文献分析我们可以看出，我国理论界已从多个角度对聘任制的相关问题进行了研究和探索，许多研究者从不同的视角、不同的立场提出了自己的观点。

但是，我们也应该看到，随着中国大学教师聘任制改革进入到另一个更加深入的阶段，已有的研究成果和现实的改革进程之间还是存在着一定的距离，即与现代大学教师招聘尤其是年轻教师的招聘工作当中存在的问题的理论距离，并且随着改革的推进，新的问题也不断被发现。

不同视角和不同立场之间的差异制约着我们对当前境遇下教师聘任制改革的理解，也制约着高校管理者对具体问题的把握。大多数学者对于各国大学教师的聘任，以及有关聘任制改革，或者制度本身及相关的问题进行了较为全面的梳理，但他们关注的面都较大，对于具体的招募与甄选的介绍都不多，对于“点”上的关注，还不够深入具体。另外，大多数学者注重别国的经验，为我国的大学教师招募也提供了新的视阈，这些研究都是值得肯定的，但是对于本土适应性、如何适应、借鉴原因、借鉴必要性等问题的研究还很少见。国土之大，南北高校有异同，地区高校又不同，高校性质还有不同，如何借鉴国外高校教师招募与甄选的方法，是值得研究者重新思考的。

另一个重要的角度便是从国际的角度来看教师选聘的问题。从国际比较的角度，对西方国家大学教师聘用制度尤其是聘任制的介绍，笔者综合叙述如下：

（1）多国的整体介绍。

根据笔者所参阅的材料，陶遵谦教授主编的《国外高等学校教师聘任及晋升制度》① 是国内较早地对国外高校教师选聘制度进行介绍的著作。该书分国别对苏联、美国、英国、联邦德国、日本的大学教师聘任制度及欧洲4国高校师资管理问题进行了研究。该书成书时间是1984年，故对当前主要发达国家普通高校的实际情况反映更少。

陈永明教授在《国际师范教育改革比较研究》等著作和论文中，对包括中国在内的11个国家的大学教师选聘制度进行了介绍和比较，对发达国家大学教师聘任制的情况进行了描述和分析，并对发达国家大学教师聘任制实施的经验和教训进行了总结。但该书主要关注师范教育改革，故对普通高校教师选聘制度的论述也不够全面，对中国大学实际存在的年轻教师选聘问题关注更少。

汤全起在《美国高校师资管理机制探析》一文中提出美国高校师资管理模式有效促进了美国高等教育在培养人才、吸引人才、创新科技等方面的成功。美国高校主要通过选择机制、筛汰机制、稳定骨干机制和引力机制，来确保聘得高水平的优秀教师，并使教师队伍不断优化，保持生机与活力；通过激励机制来调动教师的积极性和主动性，激发教师的创造力。

目前，对国外高校教师职务聘任制，在研究上大多也只是从国外高校的实际做法入手，鲜有真正意义上的理论研究。当前对国外高校教师聘任制度研究，以浙江大学徐晓忠等的研究较有代表性，他对国外高校教师聘任制归纳了五大特点：一是高校聘任的自主性。发达国家高校聘任的自主性主要体现在大学拥有对各级教师的聘任权。国外高校聘任教师的自主性还体现在对空缺职位、尤其是对教授空缺职位的控制上。二是教师招聘的公开性。发达国家的高校均采用面向社会公开招聘的形式招揽人才。其聘任过程，尤其是对教授的聘任往往极具公开性。美、德等欧美国家高校通常利用专业报纸、杂志、互联网等刊登招聘广告，面向社会、甚至全世界招聘人才。三是聘任关系合同化。国外高校最终都以合同的形式来规范聘

① 陶遵谦．国外高等学校教师聘任及晋升制度［M］．上海：华东师范大学出版社，1984：76－78.

任双方的关系。高校或教育行政部门有面向全社会、广泛筛选、招聘人才的自由，教师也有实现自我价值、自主择业的自由。四是聘任形式的灵活性。国外高校的聘任方式具有很大的灵活性，在聘任期限上，往往采用全职、半职、长聘、短聘等形式，在聘任方式上还有外聘、联聘、互聘、特聘、兼职等形式。多样化的聘任形式，“不求所有，但求所用”的聘任原则，提高了教师的使用效益。五是教师任职的流动性。教师的流动性是实行高校教师聘任制的主要目的之一。

国外高校普遍通过严格的考核程序和激励竞争机制来促使教师能者上、平者让、庸者下、劣者出，并从制度上为教师的“出口”建立起严格的规定。国内学者张万朋在总结国外高校教师聘任制时指出国外一些高等教育发达国家，如美、日、英、法、德等，其高等学校均实行教师专业职务聘任制。尽管在实施过程中各有不同，各具特色，而且同样不尽完善，也存在着一定的缺陷和不足，但它们所表现出来的一些共同特点却是值得我们借鉴和学习的。

刘冬梅在其文章中提到，发达国家高校的教师选聘和晋升是职务聘任和升级制度的基础，较具典型意义的高校教师聘任类型有三种：美国模式、法国模式、日本模式。美国高校受市场驱动而建立了与市场竞争环境相适应的完全聘任制度，即任期制与终身教职制同时并行。徐辉也指出美国高校普遍实行一种“非升即走”的政策，教师在受聘期间或聘期结束时未晋升就必须离开，短期合同制教师不合格则被辞退，而具备申请终身资格的助理教授到期未被聘为副教授则需要另行寻找工作。张伟杰在其文章中也提到了“非升即走”的政策激发了教师的上进心，刺激了学校间人才的流动性，促进了学校间的学术交流，使美国具备了世界上最优秀的教师队伍。由于美国高校与我国高校在制度上有着本质的区别，因此在教师的管理上也有很大的区别。

翁伟斌在其《国外高校管理改革的若干趋势》一文中指出法国大学教授和副教授没有任期，而助教是由学院或者学系规定任期的。他还谈到日本高校一直以来对所有的专职教员都实行终身制度，只要是本校的正式职工，不论职务的高低，都实行终身制。日本大学教授、副教授的聘用一般从副教授、讲师中晋升，或者向社会公开招聘。日本大学的教师在“终身雇佣”和“年功序列”惯行体系的庇护下得到身份保障，但是由于该制度消退了教师的工作积极性，所以近年来，日本开始改革并酝酿任期制度，目前早稻田大学、东京大学、庆应义塾大学、筑波大学等都不同程度地实行了任期制。

总结众多学者的研究成果，目前国外高校的职务聘任制给我们带来一些启示。高校在教师招聘工作中享有较高的自主权。在这些国家中，教师的招聘工作主要是由缺员学校组织进行的，甚至在一些国家，如美国，各级教师的聘任权也掌握在高校手中。即使在法国、日本这样的中央集权制或权力比较集中的国家，教师的招聘工作也是由高校进行的。高校在教师招聘中的自主权正体现在对缺员的控制上，特别是对教授的缺员控制尤为严格。只有当教授因故空出席位后，才考虑招聘问题。法国同样也规定只有现任教授退休、死亡或开辟新专业时，才可增补教授。这样不仅保证了教授的质量，而且控制了教师的数量，从而保证了高校具有较为合理的教师结构和师生比例。教师的招聘工作具有公开性。这是发达国家教师聘任制度中一个显著的共同特点。

在这些国家中，高校一经决定招聘教师，便会向其他院校及有关专业学会发出征求信，同时在全国专业报刊上刊登招聘广告，面向全社会广泛筛选。有些国家的高校，如美国，为了避免“近亲繁殖”或在招聘过程中掺杂私人感情，规定不从本校应届毕业生中招聘教师。招聘教师有着严格的教师聘任条件及考核程序。

各国对各级教师职务都有着明确的备选条件，主要包括几个方面的要求：学历（特别是学位），资历，教学、科研能力。除了对教师的聘任条件有着明确的规定外，各国还具有一套严格的考核制度，以确保所聘教师的“名符其实”，这一点是很重要的，因为没有严格的考核，则标准的实施只能流于形式。教师的聘用与培养相结合。尽管伴随着严格的聘任、考核制度的实施，各国高校师资队伍的职称结构、学历结构、年龄结构都有了很大的提高，达到了相当高的水平，但是，教师的进修培养仍然是各国非常重视的一个环节。各国都有着一套行之有效的教师进修培养的措施，并逐步同教师的聘任工作相结合，其共同特点是制度化、正规化、多样化。

聘任制是国外高校进行人力资源管理的主要形式，国外高校在教师的聘任上有个共同的特点，就是都要在聘任之前，向全国乃至全世界发布信息，在全世界范围内遴选优秀教师。这给我国高校教师的职务聘任制度也敲响了警钟，职务聘任制的目的就是要选聘优秀的人才到合适的岗位上工作。国外高校教师职务聘任制的发展趋势，要求我们要及早实施真正意义上的职务聘任制，通过聘任制的实施，达到选聘优秀人才、留住优秀人才、培养优秀人才的目的。

（2）国别的介绍和分析以及跨国的比较。

从国别的角度看，国内研究介绍和分析最多的是美国，尤其是对美国的终身教职制度介绍和评价。美国大学终身教授制度有着悠久的历史与成功的实践，它一直被认为是与大学学术自由的理念密切相连而为世界不少国家所效仿，自然，这个制度也成为了我国学者重点研究和探讨的对象。2003 年北京大学人事制度改革甚至以美国的终身教授制度为蓝本。目前，终身教授制度本身以及职后的评估成为了学者们关注的热点。例如，学者胡燕总结了美国高校教师聘用制度主要有五个方面特征：第一，教师的选拔方式是公开招聘与内部晋升相结合；第二，对初任教师实行试用期的制度①；第三，聘用合同制，美国高等学校采用聘任制度，聘书由校长签发，有具体的聘任合同，合同书就学校与受聘教师双方的权利、义务以及聘用

① 初任教师在试用期是一种临时的不定职位，在试用阶段如果校方认为该教师能够胜任工作，则可以转为正式聘用，否则就会被辞退。一般来说，没有经验的新任教师需要 7 年的试用期。对于已有经验的教师，其使用期为 7 年减去已有的教学年限。

的任期、待遇都进行了规定；第四，终身教授制度，教师经过考核获得终身教席，学校便无权任意解雇该教师；第五，大量雇佣兼职教师，尤其是美国高校自20世纪70年代以来，大量聘用兼职教师已经成为美国教师队伍的一个新变化。①

日本是对大学教师任用制度进行了大量研究的另一重要国家，其高等教育制度研究发展较早，又同处于亚洲和相近的文化背景，对我国借鉴意义较大，使它格外受到重视。但日本的大学教师任用制度也有其不足之处。学者陈永明指出，日本的大学教师存在学阀意识，并且“近亲繁殖”现象比较严重。传统上日本大学教师基本上是终身任职制，目前正逐步向任期制度推进。② 值得注意的是，我国也存在这一困境，学者冯坚在《高校师资怎样防“近亲繁殖”》一文中指出，面对这一困境，我们改革需要环境，改革措施需要配套措施，尤其国内一流大学防止师资“近亲繁殖”更需要配套的措施。他提出主要的配套措施有两条：“一是国内一流大学的优秀博士毕业生，可以直接应聘其他大学的助理教授职位（可以参照美国研究型大学助理教授职位设立）；二是一流大学招聘教师确立高标准，择贤选能，杜绝任何形式的歧视和学术利益冲突，广纳出类拔萃的人才。”③日本这种严格而且灵活的选聘制度一方面体现了对于人才的充分尊重，另一方面，也体现了日本高校选聘贤能的高要求。

陈永明教授除介绍日本教师制度外，也曾撰文介绍了英国大学教师聘任制的现状和特征，具有特色的是，英国的大学是独立的法人机构，自主管理，大学自主聘用员工。大学教师聘任采取公开招聘的方式，要求申请者具有优秀业绩、取得专业的学位以及教育研究经验。④ 此时，我们也可以通过前文对国外学术研究的介绍知道，美、英、日由于其制度和研究的

---

① 胡燕．美国高校教师聘用制度及启示［J］．韶关学院学报：社会科学版，2005（10）：91－93.

② 陈永明．日本大学教师聘用制的特征及其启示［J］．集美大学学报，2006（2）：26.

③ 冯坚．高校师资怎样防“近亲繁殖”［J］．瞭望新闻周刊，2007（3）：64.

④ 陈永明．英国大学教师聘用制的现状与特征［J］．集美大学学报，2006（4）：14.

先导性，使得它们成为国内学者推荐和借鉴的主要国家。

在跨国比较研究方面，主要是就发达国家情况进行比较研究。陈永明教授就将主要发达国家大学教师任期制总结为三种类型："一是美国式的任期制与试补制、契约制、终身职制同时并行，对高职称者没有规定任期而对低职称者规定任期的制度；二是德国式的除教授外，其他大学教师都有任期规定；三是日本式的正在准备实施以助教、副教授和教授等所有的大学教师为对象的，由各个大学自己决定的选择性任期制。"① 这也印证了我们对这些国家制度和研究重视的原因，也是我们可能借鉴的方向。

袁祖望则在对美、法、日、德四国大学教师选拔进行比较后，归纳出它们共同点是：在选拔标准上，各国是多方权衡，考虑应聘者的综合能力，侧重科研成绩；在选拔方式上，各国以公开招聘或招聘与晋升相结合；在选拔过程上，各国都主张体现民主性、公平性和严肃性。② 徐晓忠在其论文《国外高校教师聘任制的特点及启示》中，将共同特点分析得非常具体，如高校在教师招聘中享有较大的自主权；教师的招聘工作具有公开性；聘任关系合同化；教师的聘任形式灵活性，以及教师任职的流动性等。③

除此之外，国内研究中也有对大学教师聘任制本身和如何实施聘任制的探讨，以及实施中存在的问题及制度本身的反思。有学者就高校教师聘用和岗位聘任制实施中的问题进行了分析和探讨，提出了这样几条深化与完善教师全员招聘与岗位聘任制的途径：第一，加强舆论宣传，转变思想观念；第二，规范与完善教师岗位聘任制的制约机制；第三，合理配置岗位职数；第四，建立科学的教师关键岗位建设机制；第五，公开招聘，选拔优秀人才；第六，完善岗位津贴分配制度；第七，加强聘后考核工作的

---

① 陈永明．大学教师任期制的国际比较［J］．比较教育研究，1999（1）：48.

② 袁祖望．发达国家高校教师选拔的比较［J］．有色金属高教研究，2000（2）：91－93.

③ 徐晓忠，等．国外高校教师聘任制的特点及启示［J］．中国高教研究，2004（7）：60－61.

规范性。①

总的来看，国内研究问题的把握和针对问题的解决办法，研究不够系统，尤其没有将问题进行总结、梳理，未能提出综合的优化思路。除此之外，实证研究非常少见，立足于事实与数据上的研究很少。真正的问题还是没有抓住，更无从解决大学教师招募与甄选当中具体而真实的问题。

在具体应用方面，在国内高校教师职务聘任制改革背景下，学界对聘任制度逐步有了一致看法，即：高校教师职务聘任制是高等学校根据教育教学、科学研究、创新人才培养、社会服务任务的需要，择优聘任教师职务的新型用人制度。通过研究发现，国内有很多学者从不同的角度评述或进一步探讨了我国现行高校教师职务的聘任制度。

纪宝成指出："我国的教师职务聘任制，近年来取得了一定的成绩，但问题不少，比如聘任制流于形式，评价体系不健全，建立在现行教师职务聘任制基础之上的教师评价机制很不完善。"北京大学党委书记阂维方描述北京大学人事制度改革时指出"我国现行的大学人事制度是在过去长期的计划经济条件下形成的，从这个特定的意义上说，它是计划体制的最后一座堡垒"。

张维迎为北京大学草拟的改革方案《关于新体制的基本特征和设计的理由》② 中阐述，新的人事体制的基本特征为：教师实行聘任制度和分级流动制度，学科实行末位淘汰制，在招聘和晋升中引进外部竞争机制。他在方案中毫不讳言地说，制度的设计思路来源于美国大学普遍实行的"tenure - track"制度，这种制度也被称做"up - or - not"，即不升即离制度。过去的体制，其实是一种隐性合同，也是一种人身依附，而解除隐性合同，是让人们获得更多的自由，也可以激发人们更好地发挥才能。笔者也认为在教师的招聘与晋升中应该引入竞争机制，这样更加有利于人才的

---

① 王黎．高校教师聘用和岗位聘任制实施中的问题探析［J］．现代教育科学，2007（2）：17 - 18.

② http：//www2. cas. cn/html/Dir/2003/07/12/7237. htm（2010 - 3 - 11）.

合理流动，也保障了教师队伍时刻有“源头活水”。

张万朋在《中外高校教师聘用制度的比较研究》中提出：“我国高校教师职务聘任制中存在以下的问题：一是认为‘职务即职称’；二是‘平均主义’、‘论资排辈’的观念顽疾在身，挥之不去。”由于对职务聘任制度的宣传力度不够，理解上存在偏差，理论上准备不足，最主要的原因在于人们以往实行职称评定时所形成的“职务、职称不分，与职责分离，评职称就是评待遇，能上不能下，职务终身制”的观念根深蒂固，使得人们的观念总是不能转到职务聘任上来，潜意识当中的“职务即职称”定式牢固存在。这样的观点在高校实际管理中带来了一系列的问题。

刘献君在《高校教师聘任制改革的探索与有效性审查》中提出高校教师的聘任制，应坚持以下的改革方向：第一，不同类型院校教师的聘用制度应各有侧重。第二，对不同类型教师采取不同的评价标准和任用方式。第三，在教师职业成长的不同时期，也可采取不同的侧重和处理方式。

赵世超在《创建合理有序的高校人才流动机制》一文中指出实行聘任制是任用教师、管理教师的一种有效手段和形式。它有利于剔除原来用人制度中的种种弊端，创造一个公平竞争、合理流动、良性循环的用人环境。改革教师职务晋升办法全面地实行聘任制，还有赖于对教师职务晋升办法的彻底改革，提出“非升即走”的教师职称晋升办法。

龚放等在《建立现代大学制度的重要之举——深化我国高校人事制度改革的政策建议》中提出的观点是实行职务等级和职能等级“双梯并行”。传统的高校职业生涯通道是建立在职务等级体系基础之上的，是一种“官本位”的职业生涯管理制度。教职工要获得薪酬待遇和地位的提升，必须主要依靠职务等级的晋升来实现。即使很有能力，但如果不能得到职务等级上的晋升，其发展空间也会受到各方面的局限。

我国高校首次职务聘任工作的实施是在上海大学进行的，有位副教授黯然落聘。职务聘任被提上了日程，职称评审改为职务聘任振奋了人心，也藏伏隐患，改革的路怎么走，成为学者们研究的热门话题。复旦大学校长王生洪的观点是“一评定终身、教授职称‘能上不能下’已经成为国内高校传统体制中的顽疾”。

上海交通大学校长谢绳武认为，高校要实现真正的教师聘任制，除了观念转变，还有两个条件不能少。一是高校要有足够的办学经费。“差”的出，“好”的进，有财力才能请到世界上最好的教师，才能在世界范围“流”起来。但从目前高校经济实力来看，大范围聘一流人才尚有困难。二是能上能下，优胜劣汰，流动机制是关键。

北京大学前任校长许智宏在谈到北京大学轰轰烈烈的人事改革时，指出北京大学现在人事体制存在几个主要弊端：第一个弊端是，教师基本是只能进不能出，没有分流的机制，对那些有能力的老师，也没有足够的激励，对一部分教师没有压力，很难在学术上有大成就。第二个弊端就是每年一次“运动式”的职称评定制度，虽然这种评定职称的做法在改革开放初期有一定的激励作用，但在现在，已经基本失去了它的初衷意义。第三个弊端是，虽然高校人才结构目前逐渐趋于合理，但仍然是以内部晋升为主，不少院系还存在着大量留用自己培养的博士生现象。当然，个别院系有相对特殊的情况。但是总而言之，这种方式是不利于最大限度地吸引和培养优秀人才的。第四个弊端是，在旧的人事制度下，各院系没有足够的用人自主权。经费的有限，决定了学校的发展不可能是靠扩大编制来实现，而必须优化自身的教师队伍。所以学校要有一个宏观的编制控制数，要根据学科发展和社会需要来确定一段时期内各院系的编制。在此基础上，赋予各院系更多的自主管理权，让每个院系清楚自己所需要的岗位，要聘用什么样的人，各个院系应该是最清楚的，学校应该在宏观层面上制定政策并确保实施。

大学体制确实存在着一些问题，这些学者或高校领导者，已关注到其中的问题。在改革伊始和不断的摸索当中，仍然需要我们不断地发现问题、总结问题、分析问题，从实际情况出发，通过研究，更好地为现实提供理论支持，拿出新的方案，这也是本研究所关注的焦点所在。

### 1.2.4 大学教师招募与甄选的相关研究综述

以上从大学教师聘任制度的角度进行了综合性的文献综述，以下，将就研究的问题对大学教师招募与甄选的相关研究进行综合性的评述：

（1）大学教师素质相关的研究。大学教师应该具备怎样的能力与素质，中西方的学者都进行了相当多的研究。有学者总结到，新形势下的高校教师必须具备以下素质：首先，高尚的思想道德素质；其次，广博的学识；再次，获取新知、传授知识和进行创新的技能；最后，使用幽默风趣的语言的能力。① 这是中方学者给出的高校教师应具备的素质。

另外，2004 年，西南师范大学学者还对高校教师最应具备和最不具备的素质进行了调研②，数据主要来源于学生，并且就不同高等院校的教师素质要求进行了比较，这样的实证研究非常的珍贵。

外国学者詹姆斯·D. 克莱因等在“如何有效地成为一名称职教师”的研究中取得了一定的成绩。在詹姆斯的著作《教师能力标准》当中，介绍了早在 1993 年，由美国教育传播与技术协会、美国国家绩效与教育组织联合成立的一家认证机构发展形成的国际培训、绩效、教学标准委员会（the Internet Board of Standards for Training , Performance and Instruction，简称 IB-STPI）就已经制定了针对教师的专业化标准，该标准作为一个较为权威的国际教师能力标准，在出台以后的十多年来，已成为全世界广泛接受并认可的教师能力标准。1993 年 IBSTPI 教师能力标准包括：能力 1：分析课程材料和学习者情况；能力 2：确保教学场所准备妥当；能力 3：树立和维护职业声誉度；能力 4：管理学习环境；能力 5：表现出有效的交流技巧；能力 6：表现出有效的表达技巧；能力 7：表现出有效的提问技能；能力 8：针对学习者的需求作出适当的解释和反馈；能力 9：提供积极的强化及激发学习动机；能力 10：恰当使用教学方法；能力 11：有效使用媒体；能力

① 朱玉玲. 21 世纪高校教师应具备的素质［J］. 吉林商贸学院学报，2004（4）：11－12.

② 赵伶俐，潘莉. 高校教师最应具备和最不具备的素质调研报告［J］. 重庆工学院学报，2005（2）：20.

12：评价学习者绩效；能力13：评价教学传递过程；能力14：汇报评价信息。[①] 该标准详细地规定了教师能力的标准，为教师选拔以及教师培训提供了标准以及可参照的具体要求，这个标准的出台，丰富了教师教育以及教师招募与甄选理论，在研究领域内作出了很重大的贡献。

对于教师的性质，张楚廷教授有这样的描述："教师的工作是传授、启迪，是接受询问和质疑，是与学生一起去感悟和体验，与此同时去影响学生，以自己的知识、意念、人格间接地作用于工作对象；教师的工作是非程序性的、软性的，教师的作用也不小，有的教师作用还特别大，但不同的学生按照自己不同的方式接受这种影响，有的会无动于衷，有的虽有动于衷，可是各自之衷心衷情各不一样，其作用之结果亦不一样。这种影响与作用的性质与大小并不是完全由教师掌控的。优秀的教师实行的是个性教育，面对50个学生，成长起来的是50个个性鲜明的活泼向上的50个不同的'产品'。这是与工程师的工作性质多么不同也多么富有艺术魅力的教师工作啊！"[②] 这样一段精彩的描述，体现了教师工作性质的特殊性，指出了教师工作与其他工作性质的本质区别，对于教师的素质亦从另外一个角度提出了更高层次的要求。大学教师面对的是18岁以上的成年受教育者，对于教师的素质要求应该更加严格、全面。也正因为教师工作性质的特殊，其招募工作与企业、政府招聘的要求应该是截然不同的，教师是学生学习的引领者、情感的共同体验者，他们向学生提供知识，正如张楚廷教授所言："教师向学生提供知识，这离不开教学，但教学还不只是提供知识，通过教学及围绕教学，教师还提供情感、态度、信念……所有的提供，都在于促进学生的自我发展与成长，促进他们自己塑造自己。"[③]

于是，我们对于教师的应聘者，大学教师的应聘者的要求自然不同于

---

① ［美］克莱因，等．教师能力标准：面对面、在线及混合情境［M］．顾小清，译．上海：华东师范大学出版社，2006：86－89.

② 张楚廷．教育哲学［M］．北京：教育科学出版社，2006：8.

③ 张楚廷．教育哲学［M］．北京：教育科学出版社，2006：8.

对企业技术工人，或者工程师的要求。他们面对的是无心的产品或者工程，而教师的工作对象是一个个鲜活的有心的生命。教师与学生之间不只是工作关系，还有认知关系、情感关系，是具有互动性、交融性、双向性的认知和情感联系，同工程师与其产品，或者企业员工和其项目之间的关系是根本不同的。

（2）对大学教师选拔与评价制度的探讨与反思。有学者就发达国家教师的选拔进行了比较，还有学者通过总结发达国家高校教师选聘的特点并且得出启示，在选拔方面很多学者提出要公开，并且对世界开放，要防止“近亲繁殖”的现象。另外一些学者通过评析国外高等学校教师的选聘制度，从而得出对我国高校教师的选聘有启示的地方。对于美国高校教师的选拔一直受到学术界的关注，很多学者从方方面面介绍美国高校教师选拔的相关内容。

还有学者通过对比一些发达国家高校教师的选拔，认为美国高校教师选拔的特色是高标准严把进门关；英国的特色是完善选拔机制和废除教授终身制同时进行；日本则是招聘为主，晋升为辅。① 各个国家都比较重视人才的选拔，入门很关键。

对于高校教师的选拔与录用存在的问题，有学者进行了归纳：第一，制度因素制约优秀人才流动。第二，选录老师成本高、效率低。第三，机制僵化，风险较大。②但是，笔者发现该学者所提出的问题都是站在校方的立场总结出来的问题，没有从受聘方的观点来看待问题，比如说大学教师选聘的公平、公正性问题等，并没有涉及。并且问题意识不够凸显，对于研究问题的元研究没有到位，没有找到问题背后真正的原点所在。

## 1.3 研究取向定位

综合以上前人的研究成果，为了避免如刘献君教授所描述的当前我国

① 李彤. 美英日三国高校教师选拔［J］. 高教观察，2006（9）：52.

② 温海峰. 浅谈高校教师的选拔与录用［J］. 高教探索，1999（4）：75.

的高教研究普遍存在三多三少的状况——思辨研究多，实证研究少；宏观问题研究多，实践问题研究少；经验性总结多，科学性、系统性研究少①——本书拟从“问题”本身出发，追根溯源，寻求解决的方法，以论理与实证相结合的方法进行研究，期望能发展相关理论，并解决部分实际问题。本书将回顾大学教师选聘的历史发展脉络，详细界定相关概念，分析相关理论，并在分析前人研究结果的基础上，从多学科的角度分析有关大学教师选聘的相关问题，并进行理论借鉴。具体来讲，研究过程如下：本书将从调查问卷当中总结出中国大学现行年轻教师招聘工作当中的具体问题，并分析问题背后的相关原因；以此问题为基础，进行选聘优化的理论追溯与分析，并就选聘问题进行多学科的理论分析，同时借鉴国际化的经验；最终提出选聘的五大战略方向，从选聘岗位、应聘者来源、选聘方式、选聘的物质基础、选聘相关的文化、选聘制度六个具体的方面来优化我国大学新进年轻教师的选聘工作。

总而言之，以问题为中心，利用多纬度的分析方法来剖析大学新进年轻教师的选聘，并进行说理；在高等教育领域最高价值取向——公平、效率与自由的指引下，对大学教师选聘中的问题进行分析。并且找到了选聘的元研究所在，即人本身，人与人之间的关系，以及人与环境的关系，利用这三对关系对选聘工作做了深入浅出的分析，最终达到了提出优化建议的目标。本书还将以北京师范大学珠海分校大一（2008 级）国际学院的学生为样本，收集来自出生于 20 世纪 80 年代末 90 年代初的大学生对于大学年轻新进教师的相关信息。北京师范大学珠海分校位于特区，属于沿海地区，具有一定的代表意义，且笔者曾经工作在这所高校，对其情况比较熟悉，故在该校收集了一手数据进行研究。另外，笔者还对全国范围内高校校长或人事部门负责人发放了 100 份问卷，主要针对大学年轻新进教师的选聘问题进行了调查；为了更好地了解我国大学年轻新进教师招聘工作的

① 刘献君．加强院校研究，推进现代大学管理［R］．在“院校研究与现代大学管理”国际学术研讨会闭幕式上所作总结发言的整理稿，2004.

实际情况，研究者还在湖南省与广东省范围内高等院校当中任意抽取了几所高校的校长、人事部门负责人进行了采访研究，获得了极其珍贵的一手材料，并对访问结果进行了归类分析。最终希望对我国大学教师的选聘问题准确把握，尤其是大学新进年轻教师的选聘问题，以引起高校管理者的重视并尝试为大学教师招募与甄选当中的实际问题提供解决思路。这种以实证研究为基础，以问题为中心贯穿始终的研究思路，在该领域的研究当中还属首次，并且关注的中心点相对较小，故相对比较深入、全面。

在研究方法上，研究方法既是研究赖以进行的工具，又是研究得以发展的基础。研究方法的选择得当与否，关系到研究能否顺利进行及结论的正误。因此，笔者认为研究方法的选择应以研究目的的需要为出发点。大学新进年轻教师的选聘优化是个实践性很强的问题。这不仅因为问题本身源自于现实的改革需要，而且也因为研究的成果必须付诸于实践。这就要求在研究过程中时刻以理论与实践相结合为准绳。理论必须是可用于指导实践的鲜活的理论，实践必须是可供操作的生动的实践。理论与实践二者的有机结合，是本书追求的目标之一。

# 第二章　大学年轻教师选聘工作的现状与问题

## 2.1　基于大学校长与人事部门负责人之问卷调查

为了进一步了解我国高校新进年轻教师招聘的相关制度，笔者于2009年5月向全国100所高校的校长或者人力资源部门有关负责人发出100份问卷，于2009年6月初总共收回55封，达到55%的问卷回收率，问卷有效，可供分析。该100所高校是笔者在网上随意抽取的100所高校，其中包括公立高校、独立学院、民办学院；调查对象也包括“985”高校以及“211”院校；地域包括北方的高校、中西部的高校以及南方的高等院校。

针对被调查者的个人信息，接受调查的人士皆为大学校长或者是大学主管人事的人士。被调查者中，男士占到被调查总人数的70%，女士为被调查总人数的30%。他们的年龄分布是：20～35岁的占被调查人数的27%；36～50岁的人数居多，达到被调查总人数的55%；51～60岁的占被调查总人数的8%；60岁以上的被调查者的比例也是8%。他们的学历，82%的被调查者拥有博士或者硕士学位，属于高学位的人群；被调查者当中，45%的被调查者职称为教授，他们多为校长或人事部门的负责人，55%的被调查者职称为讲师，多为人事部门的相关工作人员。被调查者当中，从事教学工作的时间10年以上的被调查者占总人数的64%，他们大多具有丰富的教学经验。被调查者在学校的职务多为行政人员、教辅人员，45%的被调查人员为行政领导。

该调查完全是被调查者出于自愿完成的。笔者首先界定了调查范围为新进年轻教师的招聘制度的调查，限定范围在于讨论年轻新进教师的招聘，并且指出了该研究没有报酬，所获得的资料和数据仅用作研究的用途，并且被调查者的个人信息不会出现在研究报告当中。

谈到被调查者对所在高校新进年轻教师招聘制度的评价时，具体情况见图2－1：

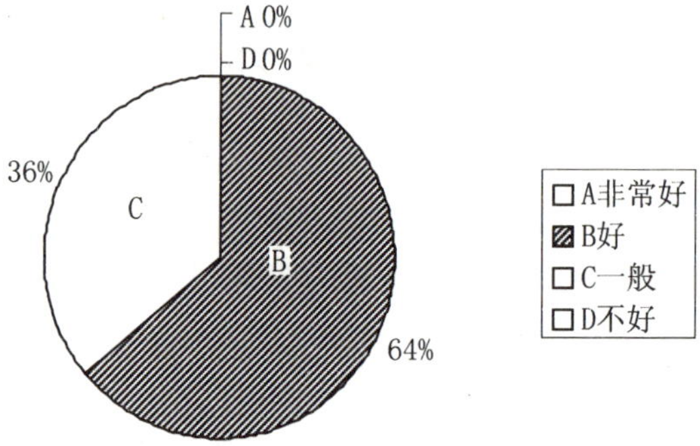


**图2－1　对于高校新进年轻教师招聘制度的基本评价**

如上图2－1所示，64% 的被调查者认为其所在高校的大学年轻教师招聘制度是好的；36%的被调查者认为其制度一般；没有调查者选择非常好，也没有调查者选择不好。笔者分析，大多数的校长或人力资源部门的人员认为学校年轻教师招聘制度是可以的，但还是有继续优化的必要性。他们的态度趋于中庸，但也表达了继续优化的希望。还有一种解释是本位主义思想占据一定位置，大多数的被调查者认为制度本身是好的。

另外，笔者就大学新进年轻教师招聘最重要的环节，进行了调查，其结果如图2－2所示。

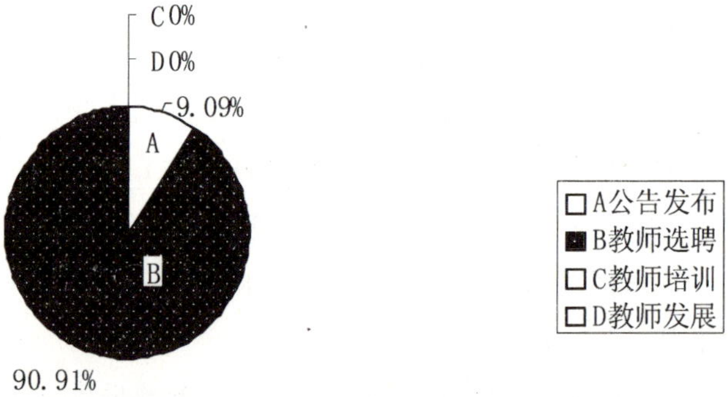


**图2－2　大学年轻教师招聘最重要的环节**

在图 2－2 中，我们看到，90.91% 的被调查者认为大学年轻教师的招聘当中，教师选聘的环节最为重要，这在被调查者当中基本达成共识。从中可以看出，现在我国大学招聘年轻教师，高校相关人士是十分重视选聘环节的。仅 9.09% 的被调查者认为公告发布这一环节最为重要，这也反映了部分问题，有些高校的招聘消息传播的渠道不够畅通，国外高校招聘教师通常是面向全球公开招聘，消息从当地媒体、本领域权威学术期刊以及互联网同时向外公布，保证了有足够多的候选人进行应聘，从而能挑选出最合适的年轻教师。而我国高校很少有面向世界的招聘信息，信息的发布渠道也十分有限，通常为本校网页发布消息，有的高校甚至不对外公布招聘消息，内部公布消息便草率了事。

对于教师培训，以及教师的发展，没有人选择，这也反映了我国高校对于年轻教师招聘入校后的培训以及未来发展的关注程度。一般来说，人才招聘进来以后，对其进行培训，以及帮助年轻教师规划未来的发展，提供进修的机会，这也应该是招聘过程后期要进行的重要环节，是一个完整的招聘的构成部分，但是在这些环节上，我国高校关注不够。

在谈到大学新进年轻教师的招聘对于高校发展的作用时，被调查者的意见基本一致，如图 2－3 所示。

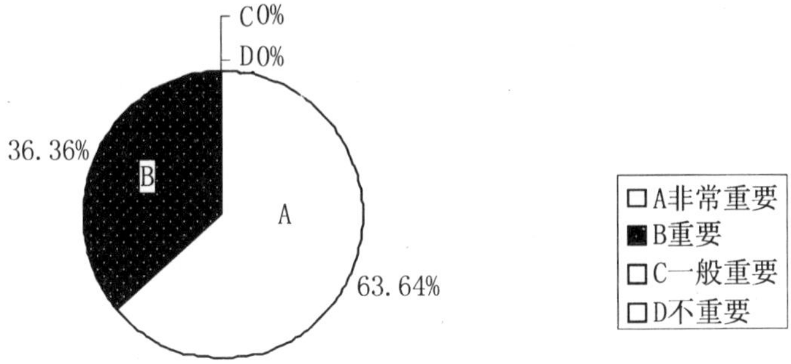


**图 2－3　新进年轻教师招聘对高校发展的作用**

根据图 2－3，我们可以看到 63.64% 的被调查者认为，大学年轻教师的聘用对于大学的发展非常重要；36.36% 的被调查者认为其作用重要；没有人选择一般重要以及不重要。这就充分证明了我国高校管理人员已经充分认识到了招聘年轻新教师的重要性，也意识到招聘进来的新教师的素质直接影响到高校未来的发展，同时也证明了本研究的必要性与重要性。在大学新进教师的招聘工作当中，实际还存在一些问题有待学者再深入研究。

在大学新进年轻教师招聘当中，人力资源部门以及大学管理者所看重的候选人的能力选项当中，几乎所有的被调查者都选择了候选人的科研能力与教学能力为他们最为看重的能力，有一位被调查者选择了管理能力。可见，我国高校管理人员普遍看重年轻新进教师的科研与教学的能力。科研能力指的就是科学研究的潜力，所谓潜力是需要一段时间才能体现出来的，故在科研能力的判断上，需要学者再进一步着重研究。至于教学的能力，这方面的考察更加的直接，也贴近学生的需求，故笔者认为在大学年轻新教师的聘用上，可以更看重教学的能力，以及科研的潜力。如图 2 - 4 所示，教学与科研的能力成为大学有关管理人员最为看重的能力，从图中看，大学管理者对于年轻新聘教师的教学能力的要求比科研能力期望值更高，两者的地位几乎同等重要，但是对于管理能力的要求，相对较少。笔者很惊喜地看到他们对于年轻学者的人际交往能力没什么要求，反映了高校对于学术、教学的重视多于其他，这对于形成高尚的学术风气是有益的。

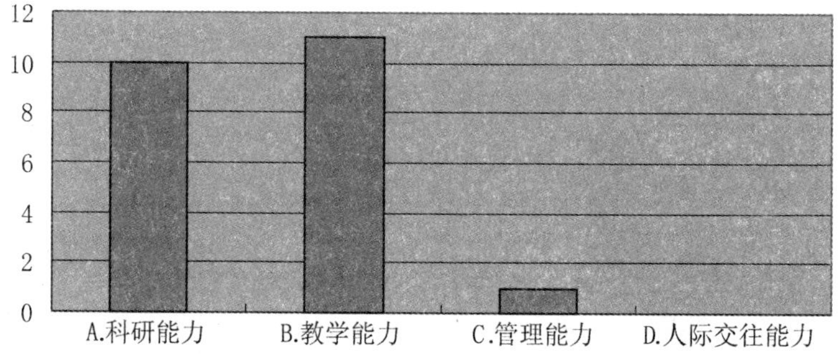


**图 2 - 4　候选人能力的重要性（选择人数）**

另外，在具体的招聘环节的调查中，就高校一般采用哪些方式公布招聘信息进行了调查，其结果如图 2 - 5 所示。在互联网高度发达的今天，绝大多数的高校都会选择互联网公开招聘的信息，这个方式与西方高校类似，但不同的是公开招聘信息的语言不一样，西方国家更多的是使用国际通用语言英文书写招聘信息，而国内高校一般使用母语中文书写招聘信息。值得注意的是我国高校奇特的公开招聘消息的方式，即内部公布。笔者调查的是高校年轻新聘教师的招聘信息公开方式，但是内部公开信息这种方式却仅次于网络公开方式，体现了“中国式”特色，照顾内部职工的家属或者内部关系人优先知晓招聘的消息，这样的公开方式显然其公开、公平、公正性不够。所以，其招聘对象选拔的面也不会很广，这与西方倡导的完全公开、彻底公开地发布招聘信息的方式是完全不同的。比如，开放程度较高的香港科技大学，其招聘广告就必须是英文、中文同时刊登，刊登广告的报刊也必须既有地方性的也要有全球性的。这样做的原因在于尽量使招聘新教员的过程少受既得利益的干扰，尽可能地把招纳人才的大门开得既透明又广阔。

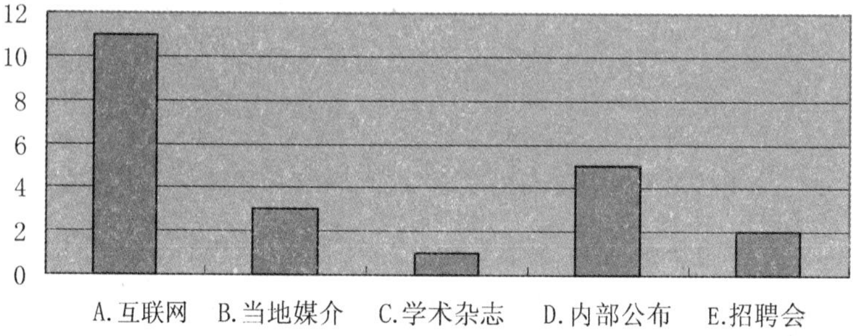


**图2-5　常用招聘方式（选择人数）**

除了网络与内部公布方式以外，大多数的高校还会选择当地媒体与招聘会的方式网罗人才，而最少使用的便是在学术杂志上公开招聘信息，这与西方国家也有些不同。在美国，大学一般都会在互联网以及权威的相关学术杂志上发布招聘信息，期望招揽到学术优秀的人才。而我国高校在学术杂志公开发布消息招聘的普及度还不够广泛。

在招聘原则这个问题上，大多数的大学管理人员选择的是择优原则，但笔者相信这里的“优”还有待于学者继续探讨，如什么样的教师对于一所高校为“优”？“优”的标准是怎样的？可否量化“优”？这些问题都有待进一步的探讨。除了择优原则外，很多被调查者选择了公平、公正、公开的原则，这是大家的期待，但在具体执行过程中，我们也看到了不足，问卷主观题部分就有一位人力资源部门的被调查者指出："要摒弃'打招呼'与'写条子'的不正之风，不然择优与公平、公正原则就没有办法执行。"这样的呼声值得高校管理人员注意。选择效率原则的人数最少。但招聘当中讲究效率，在国外高校是十分重视的。如何使得招聘过程有效率，也应该引起高校的重视，一个有效率的高校其招聘一定体现着高效的原则。如果人才的获得不依效率的原则赶紧抓牢，"良禽择木而栖"，也许他们就会转而投向更有效率的高校的怀抱。对于原则的侧重，具体情况如图2－6所示：

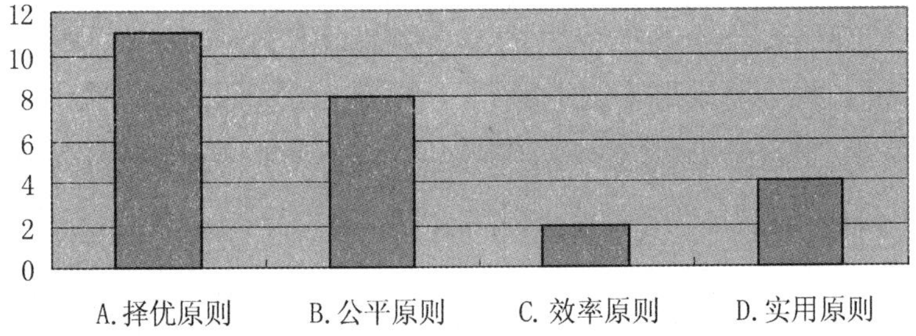


**图2－6 选聘原则的重要性（选择人数）**

对于招聘团队成员的构成，被调查者的选择如图2－7所示：

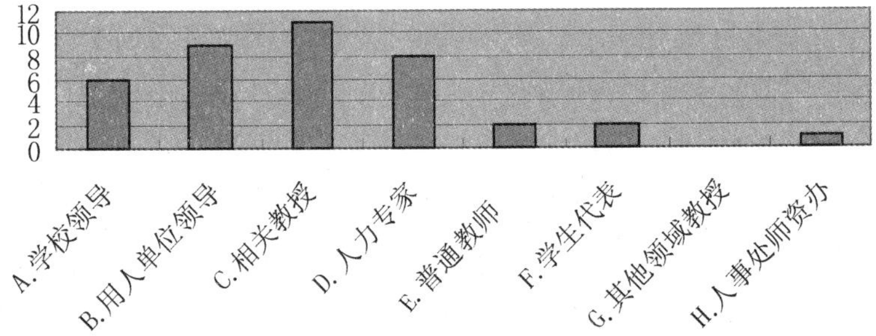


**图2－7 招聘团成员构成（人数）**

绝大多数的被调查者认为，相关领域的教授是招聘团的必要组成，对应的理由是他们熟悉该领域的学术发展动态，并且对专业知识熟悉；其次，便是用人单位的领导应该成为招聘团成员，毫无疑问，他们是直接用人者，是需求部门，所以他们有判断的权力；此外，人力专家的意见也很重要，大多数高校管理者会将人力资源专家的意见纳入考核，当然期望借用专业意见招聘到优秀的人才。值得注意的是学校领导被大部分的被调查者选中，排在第四，这体现了行政对于学术的干涉是一定程度上的，这与国外高校是不一样的。在中国的大学中，领导在人事决定方面有着“过大”的权力，而在国外大学领导是很少参与大学年轻教师招聘的，教授的决定权最大，学术的判断最为权威、最重要，而行政方面给他们的压力要小得多。而我国高校的招聘，往往会受到方方面面的压力，来自行政的压力有时候显得过于沉重。至于教师代表与学生代表的参与，只有小部分人选择，而在西方国家，教师与学生是有一定的投票权利的，在陈永明先生的有关美国大学教师招聘的过程介绍当中，就指出了学生有权参与评选。笔者调查了139位来自北京师范大学珠海分校国际学院大一的学生，90%的被调查者认为他们有必要参与大学年轻教师的评聘。教师作为高校直接为学生服务的人，学生有决定“谁”为自己服务的权利。笔者认为学生代表应该成为新进教师评选团的部分。但在现实的招聘当中，笔者曾经参加过湖南以及广东省的多个高校招聘，没有一所高校聘任团中出现学生的身影，这相较于国外、甚至于单独进行学术讲座欢迎学校师生都来评说，就显得评审团成员不够多样性。对于其他领域的专家参与评审的选项，没有人选择，这样的评审在国外评审团中是存在的，所谓学科相通，从不同领域专家的角度来看人，也许会更全面一些，也避免了“同行”竞争的忧虑，对于年轻教师，这个问题还不明显，但对于高层人才的选聘，这个问题也许更该考虑到。

谈到具体的选聘方法时，调查结果如图2－8所示，大多数的被调查者认为试讲或者试教是比较有效的教师选聘方法，并且也比较可行。除此之外便是面试，面试这种方法也经常使用，这样可以增加选聘者对于聘用者的了解，交谈沟通是否流畅，这种方法国外高校也经常使用，只是他们的方式可能更轻松些，比如一同喝杯咖啡、一起共进午餐等，这样选聘者可以更全面地判断应聘者的为人处世方法，判断其语言沟通能力，或就某个专业领域的问题进行探讨，从而知道应聘者的专业功底如何。多样灵活的选聘方法应该是大势所趋。简历的筛选应该是在招聘的初期进行的，这样的方法也是一种效率的选择，在众多的应聘者中筛选合适的人员进行试讲，这种方法的劣势是容易产生不公正的筛选。应聘者进行学术讲座，有一部分被调查者选择了这样的方式，这种方式在国外很普遍，尤其是高层人才引进的时候，在我国高校内还不是很常见，因为这种招聘方法将加大招聘的成本，好处就是给了学者更广阔的舞台，能够更客观地保证学校招聘年轻教师的质量，也客观上体现了公开、公正的原则，关注的人越多，越难以进行权力的“寻租”。

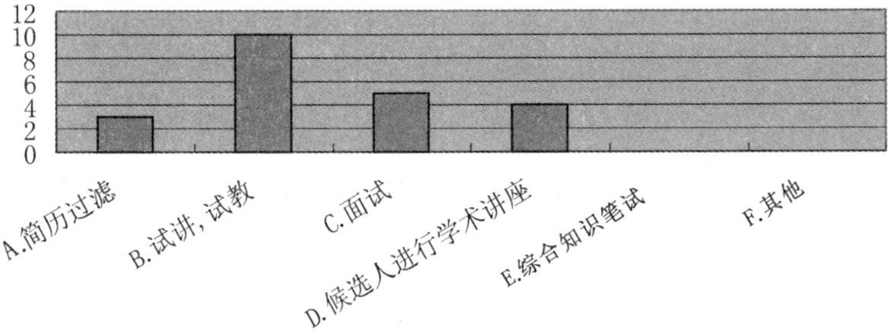


**图 2－8　选聘方法的选择（选择人数）**

对于大学年轻教师的选聘过程当中，有关候选人的资质的调查，结果如图 2－9 所示。

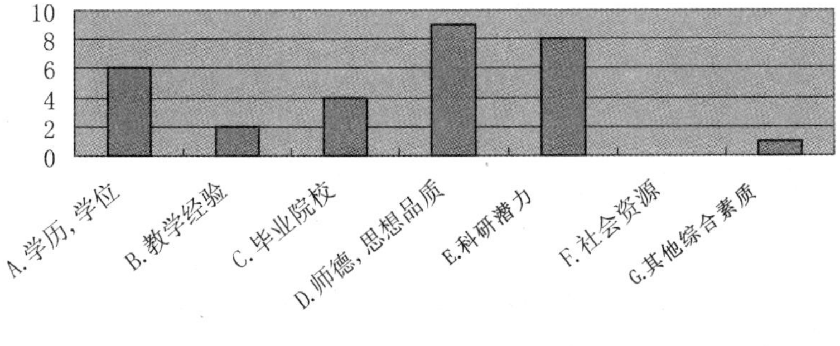


**图 2－9　候选人的重要资质（选择人数）**

师德与思想品质高居首位，成为被调查者最为看重的资质，其次才为科研潜力，另外一个重要的资质是学历与学位。师德作为被调查者最为看重的资质，是个具有时代意义的现象，很多被调查者甚至提出师德难以判断的疑惑。笔者不禁在想：为什么师德成为当今大学管理者对年轻教师资质最大的要求？是否他们有过不愉快的经历？是否年轻教师的师德关系到他/她各个方面的表现？作为师者，首先必然是学识向先的人，大多受过高等教育的熏陶，并且是学术领域的精英，道德向善应该是最起码的要求，为何是成为最难得的资质？这是否可以归结到大学教师培养的问题？科研潜力成为排在第二的资质，这是各个高校重视科研倾向的体现，科研潜力对于年轻学者，确实是很重要的资质，但这个潜力也是需要时间来检验的，最为重要的两项资质都是需要时间来衡量的，绝对不是一次面试或试讲能够判断的。可以这样总结，越是重要的资质越是难以判断。对于人才要花时间去培养、也需要学校管理者用心观察，为年轻学者提供人文关怀与发展空间，因为先要让其有归属感，才能让时间磨炼人才、见证人才。对于年轻大学教师的毕业学校，也是大学管理者比较看重的资质，通常都认为名校毕业生的资质要好一些，名校通常是品质的保障；但是，不拘一格降人才的选聘方法，笔者认为是比较可取的，不唯名校，不拘名校。毕业学校作为参考当然是很必要的，但特殊人才也应该有“绿色通道”。当然，“绿色通道”不是用来“寻租”的通道。在日本中小学教师招聘程序中，就有“特殊通道”为有特别才能或实践经验的教师而开辟的招聘路径，对于大学年轻教师的教学经验以及综合素质的要求基本较少。年轻教师不可能经验特别丰富，所以这个也是很合理的。对于综合素质的要求，笔者认为可以加强，因为教师本身是个对综合素质要求很高的职业，教师的综合素质会影响他们将来发展的高度。故大学教师应该被要求拥有相对较高的综合素质，这样他们才能在从事高等教育的岗位上展现人格的光辉、优秀的品质与扎实的专业技能，才能培养出更加优秀、更具创新精神的21世纪人才。

对于监督大学年轻教师招聘的机构，调查结果显示为图2－10。

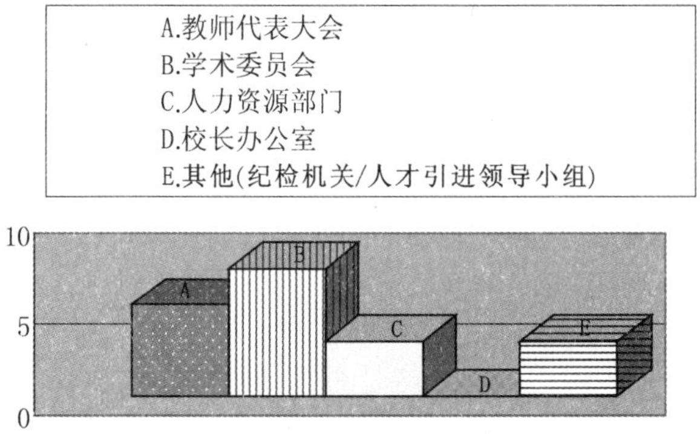


**图 2-10　招聘监督机构的选择（选择人数）**

从上图 2-10 中，我们可以看出选择学术委员会以及教师代表大会的人数最多，学术机构应该监督教师的招聘，这是很合乎逻辑的，这关系到学术的传承。教师代表大会来监督也是很必要的，作为教师，对于能否从教，学者都应该有基本的学术良心，应该有责任也有义务将不合格的人挡在门外，不然这样的教师队伍只会越来越混乱。人力资源部门作为人力资源的专家，也有一定的把关义务。高校的纪检机关，也有监督大学年轻教师招聘的义务，纪检机关的人员不但要有很高的道德水准，还要不受制于行政权力，这样才能确保整个招聘系统的健康有序发展。

为了了解更多有关大学年轻教师招聘工作当中的问题与有关经验建议，笔者给出了主观性的问题：您对大学教师招聘，尤其是高校新进年轻教师的招聘工作的宝贵建议与意见是什么？由于需要主观作答，填写答案的被调查者不多，从回收的问卷来看，主要有以下几个意见：首先，有校长提出“按需设岗，按岗聘任，师资队伍整体结构优化（如：学历、学科、学缘结构等），另外，合同管理，优胜劣汰”；此外，有人力资源部门的人士指出：“要按需要、按计划择优，摒弃打招呼的、水平不高的求职人；校领导要积极支持职能部门的工作，制定引进人才的政策，首先要限制校领导，否则难以平衡、公正和选优。”从被调查者的建议当中，我们可以明确在大学年轻教师的公平公正择优过程当中，存在不公正、打招呼的问题。另一位人资处的被调查者谈到："充分公开、公布招聘信息，给更多的年轻人参与竞聘的机会。"这也体现了我们很多高校现在的招聘信息是不完全公开的。这是个耐人寻味的问题，有待进一步探讨。

值得注意的是，被调查者当中，有人提出："师德很难测量，希望研究者帮忙。"这也给研究提出了新的问题，在选聘过程当中，如何测量候选人的师德问题？笔者也在思考，何谓师德？师德对于一位大学教师又意味着什么？师德与政治道德的关系是怎样的？师德为何如此受关注？师德在教师选聘工作当中真的那么重要吗？

## 2.2　基于在校大学生之问卷调查

笔者于2009年4月，分别在北京师范大学珠海分校国际学院2008级计划内（二本录取）的两个班总共197名学生当中发放问卷，两个班为随意抽取的笔者所教"外国文学名著与电影欣赏"课程的学生，大多为出生于20世纪80年代末90年代初的第一批大学生。一共收回问卷142份，无效问卷3份，有效问卷139份，回收率达到98%，问卷可以用作分析材料。

该调查主要就出生于20世纪80年代末90年代初第一批大学生心目当中的大学年轻教师的个性特征、特质、外表特征、大学教师招聘当中学生是否参与评选、大学年轻教师占教师总数的比例以及学生最喜爱的年轻大学教师的表述等七个方面，展开了调查。

在调查大学生对大学年轻教师的个性期待时，他们的答案大多数偏向于个性活泼的年轻教师，见图2－11。

这一结果是当代年轻人思想的体现，出生于20世纪80年代末90年代初的大学生张扬个性，大多为独生子女，他们具有一定的代表性。大学生们喜欢活泼型、乐观型的年轻教师。与此同时，他们对于大学年轻教师应该属于理智型的有所要求，而亢奋型的教师受欢迎程度也不高，最不受欢迎的便是抑郁型的教师。大学的管理者在招聘大学年轻教师的时候，应该考虑在校大学生的心理特点，贴近大学生的心理需求。

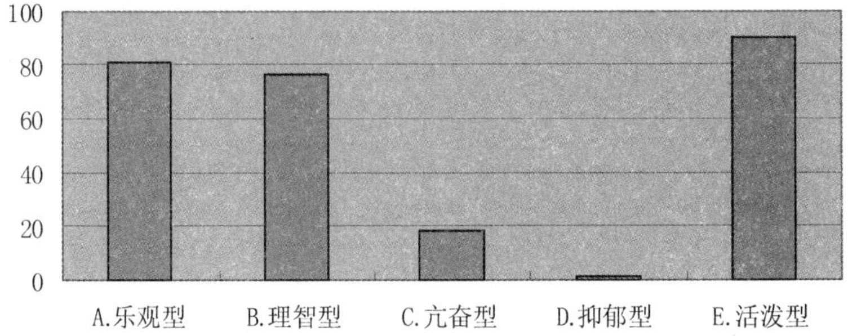


**图 2－11　个性期待（选择人数）**

在调查到当代大学生对于年轻教师的特质如何评价时，他们的选择如图 2－12 所示：

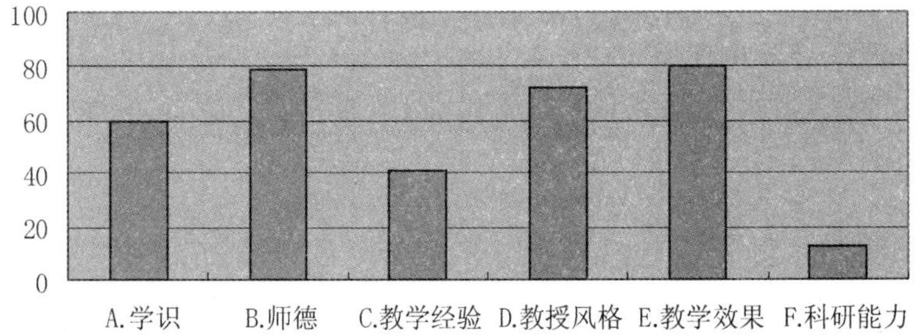


**图 2－12　年轻教师特质（选择人数）**

从图 2－12 中可以看到，当代大学生最看重年轻大学教师的“师德”与“教学效果”，他们的需求与大学管理者的有一些不同，大学管理者认为年轻教师的科研能力与教学能力是招聘者最为看重的，这可能是本科生科研观念不强，他们在科研方面所了解不够造成的选择。在校大学生对于“师德”的选择，令笔者很讶异，这其中肯定有原因，为什么“师德”这个资质会如此被学生重视？这需要研究者深入研究。另外，在笔者的调查当中，有人力部门的调查者指出，“师德”又是最难以判断的。故大学年轻教师的招聘当中，可以听取一下应聘者原来学校或者单位对此人的评价，这在西方国家大学教师招聘当中，需要原单位或熟悉他的大学教授的推荐信，其目的也就是为了对其道德品质、能力学识有一个辅助判断方式。这在我国大学年轻教师招聘当中，也可以尝试使用。而与大学管理者的选择所相反的是，大学生最不关注的便是大学年轻教师的科研能力，这也反映了当代大学生对于科研了解不够，在学习知识的同时，努力创新的精神的缺乏，他们仅限于被动地接受知识，对于开拓性地发展知识领域的科研精神的缺乏，故对于老师该方面的资质要求不高。

调查当代大学生对于大学年轻教师的外表特征时，他们的选择如图2－13所示：

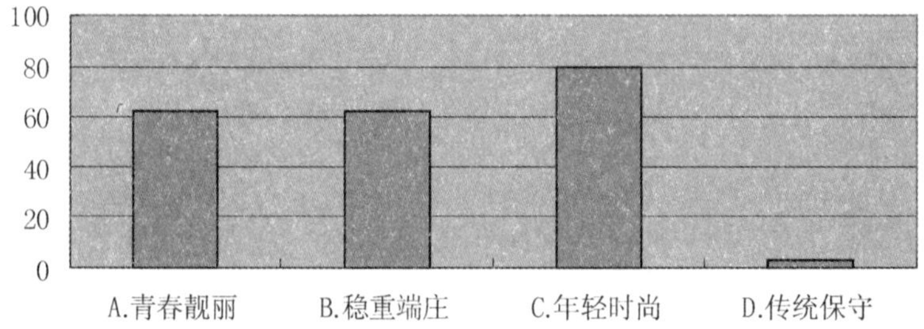


**图2－13　外表特征（选择人数）**

时代在发展，我们的大学管理者也应该以发展的眼光来看大学年轻教师的外表与内涵。从学生的选择当中，可以看出年轻时尚的外表是当代大学生最欢迎的大学年轻教师的外表特征，也符合年轻人对于“美”的定义。与以前传统的教师形象迥然不同，现在的年轻教师其形象可能更青春时尚。笔者所了解的高校督导组的老教师，大多要求年轻教师着正装上课；而新时代的大学生，他们对于教师的外表最不欢迎的便是着正装、传统的教师形象。其次，大学生还欢迎青春靓丽、稳重端庄的教师形象。这对于大学管理者在招聘当中年轻教师的形象特征可以有所借鉴。

在调查到当代大学生理想当中的年轻教师时，他们选择最多的是：如朋友般的，耐心教导，亲切可爱，知识渊博的年轻教师。突显了大学生们期待教师与学生平等友好的关系，他们还希望教师能够懂得教育、教学的方法与原理。选择最少的是科研能力强的教师，对于要求严格的教师，学生也是比较反感的。这些对于大学年轻教师的招聘与选择也是具有参考意义的，时代在变化，选择教师的观念也应该“与时俱进”，突显“人本”

主义的思想。大学应以学生的需求放在首位，这不是“媚生”，这是大学的“生存之道”。调查结果如图 2－14 所示。

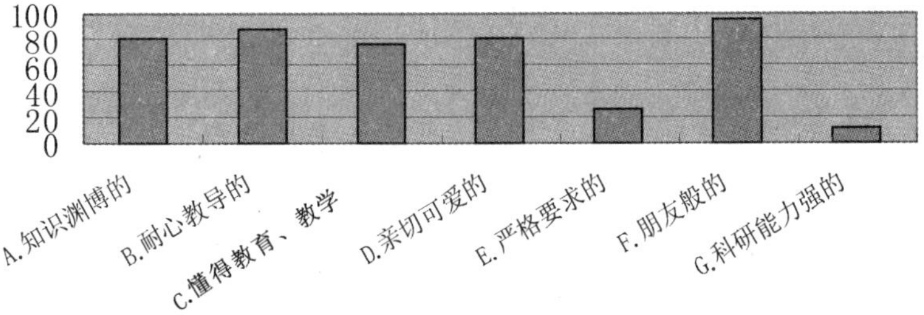


**图 2－14　理想的年轻教师（选择人数）**

对于大学生是否应该参与大学年轻教师的招聘评选当中时，当代大学生的呼声惊人的一致，如图 2－15 所示。

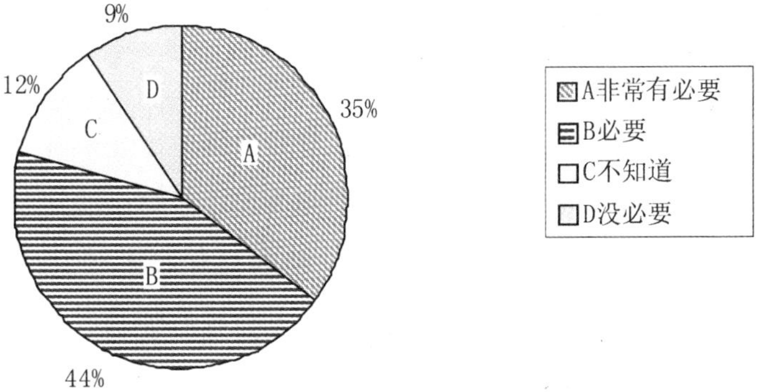


**图 2－15　学生应否参与评选**

35% 的被调查者认为“非常有必要”参与大学年轻教师的评选；44% 的被调查者认为“必要”参与评选；12% 的被调查者选择了“不知道”，他们对于是否参加评选，没有观点；9% 的被调查者认为“没必要”参与评选。数据显示，79% 的大学生都有参与大学教师应聘评选的意愿。教师是直接为学生提供知识“服务”的人员，学生从某种程度来讲是学校的“顾客”，“顾客”说好，才是真正的“好”，因为他们才是教师每天“服务”的对象。他们的观点当然带有局限性，因为他们的学识与心智还有待健全，但是他们的观点应该是参与到评选当中来的。在大学管理者的调查当中，也有部分调查者支持学生参与大学教师招聘评选。在国外高校，学生的意见是非常重要的参考依据之一。

笔者还就大学年轻教师应占所有教师的比例，对大学生进行了调查。结果如下：

59.71%的被调查者认为40%的比例最为合适；25.18%的被调查者认为60%的比例最为适合；9.35%的被调查者认为20%的比例最为合适；5.76%的被调查者认为80%的比例最为适合。

从数据上来看大多数的被调查者认为40%是一个较为理想的比例状态，这个数据也是大学管理者可以参考的，同时也可以关注国外优秀大学其年轻教师所占比例，以及自己大学的现状，确定一个较为合理的年轻教师的比例，即所谓教师结构上的优化调整。

## 2.3　基于大学校长与人事部门负责人之访谈调查

笔者就研究的相关问题于2008年到2010年期间与多位大学校长以及大学人力资源部门人员（以下称为大学管理者）探讨，并进行了开放式的访谈，就访谈所得，现总结如下。

首先，就大学新进年轻教师招聘工作的重要性与大学管理者们进行沟通，所有的大学管理者都肯定了招聘工作的重要性，并且肯定了研究的必要性。

其次，在对大学年轻新进教师招聘制度的讨论上，他们多提出要科学设岗；对于招聘方法，大学管理者大多认为短时间内要考察应聘者的全面素质，确实不容易，基本认为面试和试讲是比较有效的选聘方法，对于聘后培训，有个别管理者提出了培训的必要性。

再次，人力资源部门的管理者也表达了“选优”的不易，他们遭遇到了或来自学校高层，或外界的一系列干扰，影响了选优原则的执行；就师德问题，大学管理者给予了格外的重视，多名大学管理者提出“师德”难于评估，有管理者说：“可以设立一个一个的场景，对应聘者进行考核，但是，学校的人力、物力条件毕竟有限，不可能那样去做。”这也反映了具体存在的问题。也有大学管理者称，大学招聘进来年轻优秀教师，但是留不住，招进来不久人才又流失了，这也是比较普遍的问题。大多的高校管理者强调了对于教育事业的热爱，或者说对于学校工作的一片热情将成为他们考核的重点。大学管理者认为：有德有才，是为极品；有德无才，是为中品；无德有才，是为下品；无德无才，是为废品。他们越来越看重“德”的重要性，这是个全新的研究课题，可在将来进一步研究探讨。大学管理者也期待研究者能够研究出更多实用的方法以测量“师德”。但是，也有个别大学校长认为，对于政治道德不看重，看重的是学术道德，坚决不能容忍学术造假。并声明看重学术能力，或者说做学问的潜能。不喜欢排他性强的人，当然“学霸”不受欢迎。

在管理方法上，一位大学管理者提出了人力资源管理部门对于院系的决定影响不大的“苦恼”，大学年轻新进教师业务上的考核一般在院系里面，院系出具面试或者试讲报告，对应聘者的业务素质进行评价，基本上决定了此人的去留。也就是说，对于教师的选用，部分高校中的院系决定权过于大，这样容易造成权力的“寻租”。应该将聘用考核的分数分成若干块，人力资源部门应该有一定的评判权力，另外学术委员会、督导委员会、院系教研室等部门综合评价。这也对笔者的研究提供了新的信息。在谈到招聘管理的方法时，一位校长提出了对于自身的学科知识的要求，指出大学校长要有一定的学科知识，什么样的专业要开、什么样的专业未来要开、招聘什么专业的人才最为迫切，这些都是应该考虑到的。他指出，有了学科知识，还要主动出击去“物色”人才，而不是用一纸“招聘广告”来等人才，你需要的合适的学科专业人才怎么会主动上门来？你若是需要最优秀的人才，更是需要一些技巧，或者说是艺术，才能把人招来。另外，学历不能成为评价优秀人才的唯一标准，有时候也有例外，比如原湖南师范大学校长张楚廷教授，就曾经大胆启用一位非常有才华的年轻学者，这位学者后来很快成为了教授，且担任了学校校级领导的职务，学问做得很好，又有管理能力，可当时他却是中师学历。① 故聘用人才应该不

① 采访张楚廷校长，其口述实例。

拘一格。另外，校长还提出要礼遇人才，尊重人才，并且尊重别人的最优选择，这样有“胸襟”的高校，才能真正地留住人才，用好人才，并且真正地受益于人才的价值。

量的研究可以提供比较客观的数据，反映现象；但是质的研究，开放式的访谈，给研究者提供了更进一步了解现状的机会。面对面的交流可以更深层次地沟通，或者就研究者感兴趣的点，可以进行深层次的提问，为研究的客观、全面提供了很好的补充。以下就将把握到的实际问题，从选聘程序、多学科理论分析、国际化经验借鉴，以及笔者提出的五大选聘战略、学术职业管理的角度来谈大学新进年轻教师的选聘优化。

## 2.4　基于实证研究调查基础上之问题提炼

综合问卷调查和访谈的结果，我们可以得出如下几点结论：

第一，高校新进年轻教师选聘的总体样态

当前高校新进年轻教师选聘的总体状况比我们原来预想的要好，有一半以上的高校管理人员认为高校新进年轻教师的选聘制度是好的，并且是能招聘到比较优秀的人才的。当然，也有部分的高校管理者认为大学新进年轻教师选聘是有问题的，如选拔机制不够公平、公正；选拔透明度不高；选聘人才质量不高；选聘方法不够科学、多样，很难或者无法选聘到合适的、优秀的人才。

第二，影响高校新进年轻教师选聘的因素

影响高校新进年轻教师招聘的原因有来自于高校本身的问题，也有来源于社会的压力。现在高校招聘新进年轻教师的问题出现在：高校本身的招聘渠道不够广泛，招聘的信息封锁，高校缺乏应有的招聘理念，招聘方法陈旧，用人观念比较落后，另外招聘的透明度不高，难于贯彻真正的选优政策。另外，部分高校缺乏物质上的支撑，地理位置不够优越，文化氛围跟不上，选聘人才也存在留不住的现象。高校学生随着时代的变化也在变化，对于21世纪的高校年轻教师的要求也应该根据时代的特征，融合时代的要求来考虑问题。来自于上级部门和社会的压力，同样影响着高校新进年轻教师的选聘。

对高校新进年轻教师招聘中出现问题的原因进行归类和概括，我们可以将影响高校新进年轻教师招聘的因素剖析为两类：一类是高校自身的原因，主要是高校自身的招聘理念、招聘制度、招聘目标、校长理念等问题；另一类是高校所处的环境问题，主要是高校所处的经济环境，高校所在的社会和文化环境，高校所处的制度环境。在以下的章节中，我们将分别对影响高校年轻教师招聘的问题进行理论分析，并尝试追溯到问题的原点进行元研究。进而追寻高校年轻教师选聘优化的途径，探讨高校新进年轻教师选聘优化的关键问题。

# 第三章　大学年轻教师选聘优化的理论分析

## 3.1　选聘之元研究

我们将大学年轻教师的选聘追根溯源来研究，基本可以归为以下三层关系：第一，人本身，个人的问题；第二，个人与他人之间的关系；第三，个人与环境之间的关系。

首先，我们来考察人本身的问题。马克思说“人的根本是人本身”，“人是人的最高本质”。[①] 目前在学术领域里，“人”越来越受到关注，依张楚廷教授的观点，从哲学的角度，我们大踏步地走向基本——人！那么，在高校年轻教师的选聘工作和研究当中，我们首先应该以人为本，从应聘者个人的素质、综合能力、科研背景、所接受的教育层次，以及对于教育事业的热爱程度等各个方面来综合测试。个体之间都会存在一定差距，对于高校来讲，首先看重的是应聘者的个人本身的素质，另外，科研能力是非常重要的考察项目之一。选聘工作回归到原点，首先应该关注应聘者这个人，这个大写的“人”本身。

其次，有关应聘者和他人的关系问题，年轻学者招聘进教师队伍是进行科研与教学任务的，判断其与周围人是否能够相处融洽是非常重要的。在访谈当中，有一位大学校长明确地提出：“不愿意招聘排他性太强的

---

① 马克思，恩格斯．马克思恩格斯选集（第1卷）［M］．北京：人民出版社，1995.

人。”这位校长的意思是，这个人很优秀，但是容不下别人，或者不愿意主动地与人合作，将整个队伍的气氛弄得很糟糕，这样的人当然是不受欢迎的。高校当中的学者队伍是一个梯队的结构，一般有老、中、青三代学者共同工作在一个团队当中，他们各有特色，各有互补，所以融洽地相处是产生成果的有力保障。对于年轻教师与周围团队的知识结构是否互补、其与团队人员能否协调，都是招聘者所要考虑的问题。

再次，所谓人与周围环境的问题，首先是指人与高校文化氛围的问题。良好的大学制度，大约是不会容纳无所追求、无所事事之人的。有关大学的理想，张楚廷教授指出：“我们追求，我们决意，花主要精力，用主要财力，来确保一支高水平的师资队伍，全力创造一个十分舒展、充分自由的环境，以便他们充分展示自己的大智大慧，大彻大悟，使他们应当拥有的至高地位变为现实，以‘师本位’、‘生本位’取代扼杀大学精神的‘官本位’，在这支队伍里面要有一批‘大师’，至少有一批‘准大师’，大学未来的‘大师’。我们这里不只是接纳‘大师’的地方，而且是生长‘大师’的地方。”①大学本身的个性与理念决定了所招聘进来的人才与大学本身之间的关系，每个大学有自己的“个性”或者说是“文化氛围”，这个是招聘者以及应聘者都应该慎重考虑的因素，一所“行政化”气息很浓重的大学所要求招聘到的人才，与一所重科研的高校招聘进来的人才是有区别的。因为在选择当中，必然包含双向选择。故选聘人才时，高校管理者应注重本身的文化制度、治校理念的宣传与营造。正如张楚廷教授所指出的，大学是一部书，但是，大学的理念即是这本书当中主题性的篇章；以刘献君教授的观点，即“办大学就是要办一个氛围”②，也就是说一所大学的氛围——环境也能吸引人，使得真正合适一所大学的人才，主动选择该所大学，也能够吸引更多“凤凰”落满枝头，并且能够长时间地留住人才，涌现“大师”。另外，人与环境的关系指的是应聘者与所应聘高

① 张楚廷．高等教育哲学［M］．长沙：湖南教育出版社，2007：290.

② 刘献君．大学之思与大学之治［M］．武汉：华中理工大学出版社，2000：57.

校学科构成情况、学术梯队构成情况等是否合适的问题，只有符合学科发展的要求，并且有利于学术梯队结构的人员才能与这所高校未来的发展和谐，才能真正的做到人与环境协调发展，达到最优。

## 3.2 选聘之三大原则

上面一个部分就选聘的元理论当中的三层关系进行了阐述，以下将接着讨论选聘的三大原则。

### 3.2.1 价值原则

价值问题在人类实际生活中无处不存在，在理论上却是一个充满神秘感和疑难的领域。作为价值学（axiology）研究对象的“价值”，其现实形态是多样的。美国哲学家培里将价值概括为道德、宗教、艺术、科学、经济、政治、法律和习俗；舍勒则将其概括为感觉价值、生命价值、精神价值、宗教价值等；国内学者李德顺则认为，“价值”作为一个哲学范畴，必然有其普遍的客观基础和表现形式。价值的普遍基础和存在形式，是人类的一种普遍的基本关系，即在主客体相互作用中，由于主体及其内在尺度的作用，使客体趋向于主体，接近主体（客体主体化），为主体的需要及其发展服务。李德顺还指出：“人类对于价值问题的醒悟，是逐渐从自发到自觉，从简单到复杂的过程；而对于价值与真理的关系的思想处理，则是从统一到分化甚至对抗，然后又重新走向统一。”①

随着市场经济的发展与思想的解放，人们对价值、价值观的讨论越来越频繁，这也就引起了高等教育领域对高等教育价值问题和高等教育价值取向问题越来越多的关注。孙俊三教授指出教育价值指的是教育活动的属性、特点、功能、效果对教育活动主体需要的关系。

国内有学者认为研究高等教育的价值体系，就是要从哲学的层面回答高等教育有什么作用的问题，从而指导高等教育实践。他们认为高等教育

---

① 李德顺．价值论［M］．北京：中国人民大学出版社，1987：21.

的价值便是高等教育这一价值客体满足价值主体（个人和社会）需要的特定关系。另外，孙俊三教授指出任何一种教育活动都包含有教育主体对教育价值的追求，这种追求是教育存在和发展的基础，正是这种追求，教育的价值也才会真正得到体现。① 所以，高等教育亦不例外，接受高等教育的主体亦有着他们对于高等教育价值的追求。但是，高等教育的价值主要产生于人的发展的需要，"教育与发展的基本不同点就在于，发展主要是从存在（事实）的角度来考察人的变化与发展过程的。教育则从价值（规范）的观点，把人的发展看作一种实践行为，这种实践行为是以引导人们所期望的方向这一现实而发出的"②。所以，高等教育的问题更多的是价值取向或者价值选择的问题。什么是价值取向呢？刘永富曾指出，价值取向"就是最终决定做什么好或怎么做好，或者说，从价值，从好坏的角度决定做什么或怎么做。准确地说，价值取向是企图'达到某目标或满足某需要'或（要，企图）以某身份存在或有某需要的取向者认为做什么或怎么做对什么"③。孙俊三教授则认为："教育的价值取向，是指教育活动的决策者或从事教育活动的主体依据自身需要对教育价值作出选择时所持的一种倾向。"④ 教育理论中的学派林立，往往是教育价值取向分歧的表现。美国要素主义的代表人物巴格莱（W. C. Bagley）指出："在漫长的教育史中，一直存在着两种对立的教育理论，可以用一些配成对的如个人与社会、自由与纪律、兴趣与努力、游戏与工作、目前需要与遥远目标、亲身体验与种族经验、心理组织与逻辑组织、学生主动性与教师主动性等八对相互冲突概念加以概括。"⑤ 此外，德国文化教育学派列举的教育思想中的对立性问题："形式训练与实质陶冶、强制与自由、训练与放任、努力与兴趣、

① 孙俊三．教育原理［M］．长沙：中南大学出版社，2001：114.
② 李丹．儿童发展心理学［M］．上海：华东师范大学出版社，1987：49 -50.
③ 刘永富．价值哲学的新视野［M］．北京：中国社会科学出版社，2002：101.
④ 孙俊三．教育原理［M］．长沙：中南大学出版社，2001：114.
⑤ 巴格莱．要素主义者的基本原则//教育学文集·美国教育改革［M］．北京：人民教育出版社，1990.

教师传授与儿童活动等”① 这些都说明教育活动面临多方面的价值选择。但是，不论在什么时候，无论教育活动主体面临多么纷繁复杂的价值选择，由公平、效率与自由所引发的价值选择都是最基本的价值选择。

价值取向是人类实践活动的一般目的和最终的动因，人们将按照自己的价值观，通过实践，影响实践活动的结果。在高等教育实践活动中，按照一定的教育价值取向，通过主体的能动作用，创造出具有特定价值模式的高等教育。人们期望高等教育发挥什么功效，希望受高等教育者向什么方向发展，创建什么类型的高等教育和培养什么类型的大学生，无不受影响于价值观。故教育价值观、高等教育价值取向，是高等教育思想的核心，是高等教育工作的出发点和落脚点。孙俊三教授指出影响人们价值取向的因素主要有三个方面：“一是取决于主体对客观事物认识的正确程度；二是取决于主体对自己认识对象的需求；三是现实客观事物满足自己需要的条件。”② 在高等教育中，公平、效率与自由，成为了高等教育最为主要的三个价值取向。史瑞杰认为，公平就是对人际间利益关系以及非利益关系的反映、度量和评价。人们常常把公平与合理一起连用，何谓合理？笔者认为合理的分配有以下三个原则：（1）与能力相称原则；（2）政治原则；（3）道德原则。就拿高等教育招聘教师问题来说，前来应聘的人员众多，该如何招募与甄选，当然首先是依能力和笔试的分数；当然也要给每一所高等学校一定数量的编内计划比例，即政治原则；再者，对于少数民族地区或贫穷落后地区的高等学校，我们要给予一定的照顾，教师的补助应该更多些，鼓励政策更优惠。当然，社会上的不良风气也慢慢侵入到大学内部，高校教师招聘腐败问题已经日趋明显。笔者曾经采访一位来自美国一所高校的华人教授，当问及国内高校与国外高校在招聘教师上的异同时，他马上指出了国内高校教师招聘“人情因素”的问题，不够公平、公正、透明，这是当下非常致命的问题。高校这样发展下去，只能是一潭死

① 邹进．现代德国文化教育学［M］．太原：山西教育出版社，1992.

② 孙俊三．教育原理［M］．长沙：中南大学出版社，2001.

水的结局，毫无发展可谈，更不用提为国培养出有创新意识的人才。

### 3.2.2 效率原则

效率是人类社会存在的基础，高校也是如此，一所不追求效率的高校是没有发展的。作为一个科学的概念，效率最初是在物理学的电学、机械学中被使用，人们把所得到的能量或所做的功与所投入、所消耗的能量或功的比值叫做效率。但是对于更广泛的物质运动形式来说，“所谓效率（efficiency）乃是其特定的结果与导致结果的特定过程之间的关系，是其所实现的与所耗费的二者之间的比率”①。郭湛教授对各种物质运动形式的效率做出如下四种划分：（1）无生命的自然物的运动效率；（2）自然界生物的运动效率；（3）具有自然和社会两重性的人的运动效率；（4）人造物特别是机器的运动效率。② 但是，无论是哪一种运动效率，都是意指所实现与所耗费之间的比率，这构成所有物质运动效率的共同特征。就高校教师选聘问题来说，一所高校是否有效率，直接关系到教师的选聘，如果高校招聘过程太长，一些人才也许另谋他就，还有一些有识之士，认为一所学校行政效率如此之低，便会产生离开的意思。同样的教师招募与甄选，行政程序相当的烦琐，从招募广告发出，到最后档案调入、签订合同花掉半年时间，在现在的高校一点也不稀奇。

### 3.2.3 自由原则

对于西方大学教育来说，“学术自由”（Academic Freedom）是一个历史最为悠久的问题。尽管西方学者对“学术自由”有不同的看法，但一般认为，“学术自由”与“大学自治”是一对孪生概念。早在中世纪欧洲，大学从君主政府和教会那里争取到自治权利，在它们许可的范围内具有教学和学习的自由。直到 19 世纪初，德国柏林大学开始把“学术自由”确立为大学的基本原则。此后，在西方大学教育发展过程中，“学术自由”一直是西方大学精神的体现。如今，“学术自由”既是西方大学教育的一

---

① 郭湛．人活动的效率［M］．北京：人民出版社，1990：48.

② 郭湛．人活动的效率［M］．北京：人民出版社，1990：50.

个主要原则，也是西方大学教育的一个重要政策。

尽管有的西方学者认为，“学术自由”的渊源可以追溯到古代希腊，但真正意义上的“学术自由”源于欧洲中世纪大学。因为在内涵上不同于“思想自由”的学术自由，实际上是伴随大学在中世纪欧洲的产生而形成的。

在西方大学教育史上，中世纪欧洲大学是近代西方大学的开端，它开创了“学术自由”的先河。正如2005年版《新不列颠百科全书》所明确阐释的：“学术自由的基础是欧洲中世纪大学奠定的。”①

美国高等教育家韦斯特迈耶（Paul Westmeyer）也认为，学术自由发展的历史是从中世纪欧洲大学开始的。② 在获得君主政府颁发的准许状后，中世纪欧洲大学成为合法的自治机构，因而可以自由地聘请教师、设置课程和组织教学等。在这个意义上，学术自由属于大学自治的范畴。

对于“学术自由”这一概念，很多西方教育学者进行了阐释。有的西方教育学者甚至在自己的著作当中列出专门的章节进行论述。例如，美国高等教育学者韦斯特迈耶在他的《美国高等教育史》（*A History of American Higher Education*）一书中把“学术自由”单列一章。英国高等教育学者巴尼特（Ronald Barnett）在他的《高等教育理念》（*The Idea of Higher Education*）一书中也对“学术自由”专辟章节进行论述。

美国教育家孟禄（Paul Monroe）1925年主编的《教育百科全书》对“学术自由”的阐释是：“学术自由是指在探求高深学问的高等教育机构中教学以及证明真理或研究真理的自由，而不受官僚政治或宗教权力的干扰。”③

瑞典教育家胡森（Torsten Huson）1985年主编的《国际教育百科全书》对“学术自由”的阐释是：“学术自由一般被理解为不受妨碍地追求

① The New Encyclopedia Britannica, Encyclopedia Britannica, Inc., Chicago, 2005, Vol. 1, p. 50.

② Paul Westmeyer. A History of American Higher Education. Charles C. Thomas Publisher, Springfield, Illinois, 1985, pp. 134 – 135.

③ Pual Monroe. A Cyclopedia of Education. New York: The Macmillan Company, 1925, Vol. 2: 700.

真理的权利。这一权利既适用于高等教育机构，也适用于这些机构里从事学术工作的人员。”①

2005 年版《新不列颠百科全书》对“学术自由”作了这样的阐释：“学术自由是指教师和学生进行讲课、学习、探求知识及研究的自由，而不受法律、学校规定或公众压力的不合理的干涉或限制。”②具体来讲，对教师而言，“学术自由”的基本内容包括：可探讨任何引起他们求知兴趣的课程；可向他们的学生、同事和他人发表他们的各种发现；可出版他们搜集的资料和得出的结论而不受限制和审查；可用他们认为恰当的符合业务要求的方式进行教学。对学生而言，“学术自由”的基本内容包括：可自由地学习感兴趣的学科；可形成他们自己的论断和发表他们的意见。

进入 20 世纪以后，知识的探究和传播都取得了前所未有的发展，在经济、科技和文化的发展中，社会赋予大学更大的责任；反过来，大学在满足社会需求和引领社会变革与发展中也发挥着更重要的作用。因为对于社会发展和知识创新来说，大学的学术自由是十分必要的。在学术自由上对 20 世纪西方大学教育产生重要影响的是美国的大学。

从历史渊源来讲，美国大学的学术自由深受德国大学的学术自由传统的影响。在美国，学术自由集中体现在美国大学教授协会（American Association of University Professors）的一系列原则声明上，在这些原则声明中，尤以 1915 年的原则声明最引人关注。

1915 年年底，美国大学教授协会成立不久就发表了关于学术自由与终身聘任制的原则声明（Declaration of Principles）。美国高等教育家博克（Derek Bok）对此曾作了这样的描述：在美国大学教授协会的会议上，“著名的《1915 年宣言》诞生了。该宣言宣布了学术自由的主要原则：教授作为教师和学者有权自由发表言论；除非不称职或有道德缺陷，教师的

① 胡森，等. 国际教育百科全书（第 1 卷）［M］. 李维，主译. 贵阳：贵州教育出版社，1990：13.

② The New Encyclopedia Britannica，Vol. 1：49.

职位必须得到保证；教授受处分前有申诉的权利”①。美国大学教授协会发表的这个原则声明既指出学术自由对于大学教育来说是十分必要的，又指出学术自由是大学中所有科研活动所必不可少的条件。

大学是保存和创造知识的场所，教书和育人要用知识，因此，大学面临着什么知识具有保存和创造以及教育价值的问题。解决这个问题只能依靠学术自由环境下的竞争。有了学术竞争，有价值的旧知识和新知识才能辨别出来，大学也才可能执行保存、创造和传授知识的任务。没有竞争，我们不知道某种知识是否有价值；可没有学术自由，就不会有学术竞争，因为学术竞争的前提是思想表述的自由。

学术自由不但是大学最基本的人文环境，也是大学教师、学生最基本的个人素质。意识到学术自由，我们便意识到自己观点的相对性。即使我们对自己的观点充满激情，并且还不知道它的局限性在哪里，学术自由也会让我们下意识地拒绝自己观点绝对正确的感觉，从而能够以开放的心态对待批评。

同样，学术自由会让我们在严格挑剔别人观点时注意到其相对正确的地方。学术自由会让我们在讨论中更多地关注一个问题的视角、一个概念的提炼、一种观点的逻辑，而不会纠缠于动机、功用、是否符合自己的“口味”。我们争取学术自由，不但是让教师学术自由，而且特别是让学生自由，因为创造性思维是学生的特长，因为学术自由是他们应当养成的生活习惯，因为学术的未来靠学生对学术自由的坚持。大学要成为知识的圣地，传道解惑、教书育人要成为高尚的事业，今天学者的学术所为要经得住历史的考验，学术必须自由。

故在大学教师招聘的问题上，高校应该有着其独立的决定权，要不为政府、社会力量所左右，真正地选拔人才，能力为上。遇到学术能力很强的人，要避免克扣所谓的“档案”，来去自由，用制度与氛围留住人才。

---

① 德里克·博克．走出象牙塔——现代大学的社会责任［M］．徐小洲，等，译．杭州：浙江教育出版社，2001：5.

美国前国务卿基辛格博士，对国际关系的研究一点也不比知名教授差。他曾有意回母校哈佛大学当个老师，可哈佛大学说，凡在政府任职超过两届的，就不再有资格回校任教。基辛格无奈，只好将官做到底。这个事例说明了大学应该有其“自由”地聘用教师的权利，不受外界的干扰，坚持自己的原则与“脾气”。这也就是张维迎教授所谈的“大学的逻辑”，他简单地表述大学的逻辑为：“如果说大学的理念是为人类创造知识，传授知识，传承人类文明，推动社会进步，那么，大学的教师队伍必须是由真正对研究和教学有特殊偏好，最具有使命感、责任心和创造力，最能做出原创性研究成果的学者组成。为此，大学必须有一个良好的治理结构，其中，教师的聘任和晋升制度是最重要的方面。学术自由、学术评价标准、教授在学校的权力等等，都具有内生性。”①他还指出，现行的教师人事管理体制下，大学变成了“家族组织”。不废除大学的“近亲繁殖”，不实行教师岗位的分级淘汰，不引入外部竞争，就不可能有真正的学术自由。这也就意味着制度支持对于大学新进年轻教师的招聘的重要性。

## 3.3 选聘之基本原理

### 3.3.1 人力资源相关概念

根据杨德广教授的观点，高校人力资源概念，广义上指高校中具有劳动能力的人的总称，包括在职的，部分离退休人员和失业或待业的人员；狭义上指能够推动高等教育事业发展，培养专门人才而作用于经济和社会发展的具有智力劳动能力和体力劳动能力并处于劳动中的人们的总称，也就是高校的在职人员。

张德教授认为人力资源是指能够推动整个经济和社会发展的劳动者的能力，即处在劳动年龄的已直接投入建设和尚未投入建设的人口的能力。

姚裕群教授认为，人是一个具有多种属性的规范性的概念。人有其自

① 张维迎．大学的逻辑［M］．北京：北京大学出版社，2004：3.

然性、生物性，也有其社会性；有其经济性，也有其政治性。由此，人力资源概念得以成立。姚教授还指出，人力资源有两大基本的特点：（1）生物性。即人力资源存在于人体之中，是一种“活”的资源，它与人的自然生理特征相联系。所以人力资源的使用，受到人的自然生命特征的限制，如身体疲劳程度、人身安全、劳动卫生、工作时间等。（2）社会性。一般意义上来讲，人口、人的劳动能力和“人力”这种资源，都是人类社会活动的结果。人力资源是处于一定社会范围的，它的形成要依赖社会，它的配置要通过社会，它的使用要处于社会劳动分工体系当中。另外，人力资源还具有智能性、个体差异性、时效性等特征。

●人员招聘与人才评测

根据张德（2007）教授的观点，招聘的直接目的在于获得企业需要的人，除此以外，招聘还为达到以下潜在目标：首先，树立企业形象，在招聘的过程当中，尽可能树立企业良好的形象；其次，招聘也在于不仅要把人招来，也在于把人留住，所以也要依靠招聘有效地选拔；最后，就是履行企业的社会义务，为社会提供就业机会。

张教授还在《人力资源开发与管理》一书中谈到招聘需要遵守以下原则：（1）因事择人原则。他认为企业应根据人力资源计划进行招聘。招多了人或者招错了人，都会对企业的发展带来一系列问题，造成不良的影响，并降低企业的整体效率。（2）公开原则。这样的原则保障了录用工作的透明度，使得招聘相对公正。另外也可以引来大批优秀的人才前来应聘，可挑选的余地更加大。（3）平等竞争原则。张德教授指出应该对所有的应聘者一视同仁，不得人为地制造各种不平等的限制。要鼓励“赛马”，而不是“静止”地选马，这样可以防止主观片面因素的干扰，还可以激励其他员工积极上进。（4）用人所长原则。在招聘中，应该考虑到有关人选的专长，量才使用，做到“人尽其才”、“事得其人”，这对应聘者与企业是双赢的。笔者认为以上原则也适用于大学教师的招聘，大学也应该讲究品牌与形象；作为“象牙塔”，它更应该以公开的方式广招人才；其次，平等竞争的方式也是优秀大学教师体现才学的平台；知识分子都有“怀才不遇”的情结，大学应该设法给学者以梦想的舞台，而不让其成为“带着镣铐的舞者”，应该是“赐予长袖”，其必善舞！

有关人员招聘的途径，不外乎两种方法，即内部招聘与外部招聘，这两种方法各有优劣，两者基本上是互补的，如表3－1所示：

**表3－1　内部招聘与外部招聘的利弊**

| | 内部招聘 | 外部招聘 |
|---|---|---|
| 优点 | 1. 了解全面，准确性高；<br>2. 可鼓舞士气，激励员工进取；<br>3. 应聘者可更快适应工作；<br>4. 使组织培训投资得到回报；<br>5. 选择费用低。 | 1. 人员来源广，选择余地大，有利于招到一流人才；<br>2. 新雇员能带来新思想、新方法；<br>3. 当内部有多人竞争而难于做出决策时，向外部招聘可在一定程度上平息或缓和内部竞争者之间的矛盾；<br>4. 人才现成，节省培训投资。 |
| 缺点 | 1. 来源局限于企业内部，水平有限；<br>2. 容易造成“近亲繁殖”；<br>3. 可能会因操作不公或员工心理原因造成内部矛盾。 | 1. 不了解企业情况，进入角色慢；<br>2. 对应聘者了解少，可能招错人；<br>3. 内部员工得不到机会，积极性可能受到影响。 |

（资料来源：张德. 人力资源开发管理［M］. 北京：清华大学出版社，2007：109.）

由上表可见，内部招聘与外部招聘各有特色，在大学教师的招聘上，可以根据各个学校的具体情况，采用合适的招聘方法，但对高校来说，外部招聘已渐成为高校招聘的主要方法，高校已经意识到“人才”的作用，早在20世纪80年代，一部分卓有眼光的高校校长，已经将人才的引进作为办学的理念之一。当前，高校之间对优秀人才的争夺也显得日益激烈。

●大学教师选聘相关概念与相关理论

有关大学教师的选聘，龙君伟认为教师的招募是一种市场行为，各高校的人员招募已经成为了一种人力资源的争夺，具体的招募方法上应注意以下几点：首先，将招募活动建立在对人才市场充分了解的基础上；其次，策划富有新意、有创造力的招募广告；第三，善待应聘人员，给予他们足够的人文关怀。① 马俊杰与曾湘泉主编的《大学人力资源》一书中指出，大学教师的招聘与甄选具体分为人员的招募、甄选、聘用三个步骤。招募是指组织确定工作需要，根据需要吸引有意为组织工作的候选人来填补工作空缺的活动。而甄选是指从所有来应聘这一职位的候选人中挑选出适合工作的人员的活动。聘用则指用人单位与甄选合格人员签订劳动合同，对彼此的雇佣关系进行最后确认的活动。② 笔者认为马俊杰及曾湘泉的观点比较系统且细致，对于招聘与甄选的概念阐述清楚，故本书拟采用马俊杰和曾湘泉的观点，本书着重探讨大学教师的招聘与甄选相关的问题。

姚裕群指出，对于一个组织，招聘多少人力资源以及招聘什么样的人力资源是有客观依据的，它们是：

（1）组织发展战略和相应的人力资源规划；

（2）组织近期的人力资源补充需求；

（3）组织的人力资源观、人才观和招聘理念；

（4）工作岗位的需要，这主要体现在职务说明书或工作说明书上；

（5）工作岗位的任职条件，这也体现在职务说明书或工作说明书上；

（6）外部人力资源市场的人力资源供给状况及有竞争力的人力资源需求单位。③

姚裕群对于一个组织招募多少人才，提供了具操作性的客观依据。笔者认为姚裕群概括得比较全面，对探讨大学教师选聘具有较好的借鉴意义。大学对于人才的招募，也应该有自己的发展战略以及相应的人力资源计划，在依据院系申报的基础上，学校还应该统筹考虑，比如说学校的人力资源观是什么，招聘理念又是什么，要有客观可行的职务说明书以及工

① 龙君伟．校本人事：开发与管理［M］．广州：广东高等教育出版社，2002.

② 马俊杰，曾湘泉．大学人力资源管理［M］．北京：中国人民大学出版社，2007.

③ 姚裕群．人力资源开发与管理［M］．北京：中国人民大学出版社，2007：205.

作说明书。另外，还要强调对于外部人才资源市场的关注。古语云“知己知彼，百战不殆”。招募人才的过程也是与对手过招的过程，我们应该了解自己大学的优势与劣势，积极了解周围高校的信息，以招募到优秀的人才。

谈到大学教师的招募程序，图 3－1 是一个典型的人员招募程序，大学教师的招募也可以参照，但要根据学校的情况及所要招募的岗位确定合适的招募程序。

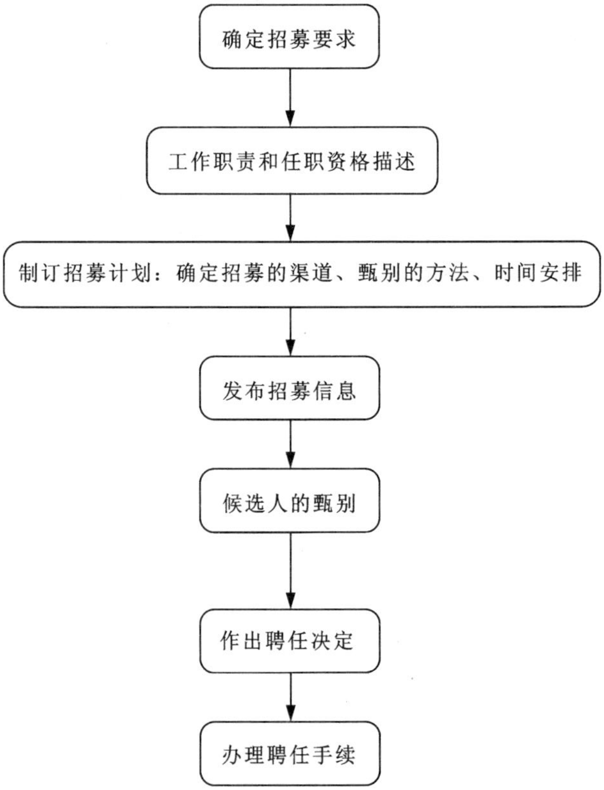


**图 3－1　一个典型的招募程序①**

龙君伟认为，一般来说，负责招聘的人应该认识与确定招聘的需要，应根据学校的具体情况，比如说工作量的变化，工作环境的改变，以及管

① 龙君伟．校本人事开发与管理［M］．广州：广东高等教育出版社，2002：83.

理发展的战略改变而有着不同的招募需要。在招募工作开始以前，应该明确所招岗位的工作职责与任职资格条件，这样才能较为客观地挑选合适的人选。他认为学校应该对工作职责和任职资格编写统一格式的职位说明书，以便于规范管理。制订招募计划时，招募的组织者应该对于招募组、专家组的成员，以及招募的渠道与甄别方法进行确定，招募时间安排、招募成本预算等制订详细且周密的计划方案。另外，关于发布招募信息，他认为招募广告的吸引度是招揽人才的关键，他还指出应该选择信息发布的媒体，如电视、报纸、网站等。在甄别程序上，甄别是整个招募工作的重要环节，其专业技术要求较高，招募组织者可以采用现代的人才测评技术对候选人进行选拔。他指出常用的人员甄别方法有：（一）知识考试。其中包括百科知识考试，学科专业知识考试，教育、教学专业知识考试，以及相关知识考试。为了考试有效并发挥其作用，还应遵循客观的原则、严格的原则、有效的原则。（二）面试。面试一般有两种，一是非结构化面试，即综合性的面谈；另一个是结构化面试，也称模式化面试。面试有其优点，比如能全面、真实了解应试者的情况，看到其谈吐、仪表等。但也有其不足之处，由于主观臆断以及个人喜好有可能影响招聘者的判断。（三）心理测验。心理测验是为了判断应试者的心理品质与能力。常用的测验方法有成就测验、智力测验、能力测验和人格测验。（四）情景模拟。情景模拟主要是将应聘人置身于一个模拟的工作情景中（复杂工作内容）来考察其完成指定工作任务的能力，进而判断其所具有的各种潜质和潜在能力。（五）评价中心技术。它最初源于军事，后被应用于人才选拔技术当中。但这种方法耗时长，消耗大，故不常被使用。对于高级人才的选拔，可以考虑这种方法。在聘任决策环节上，一般来说，有意聘用的决策是由专家成员组做出来的，它是由人力资源工作者和直接主管共同做出的决定。最后是办理聘任手续，完成招募。

龙君伟指出教师的聘用制有以下的特点①：

---

① 龙君伟. 校本人事：开发与管理［M］. 广州：广东高等教育出版社，2002.

（1）教师的聘用实质上是一种有偿合同制，它的主要特点是平等、自愿和有偿性；

（2）教师聘用制打破了“教师终身”的职业观念；

（3）教师聘任确立了“能力本位”的用人观念。

龙君伟将教师聘用的特点作了贴切的总结，并且指出了聘用制的优点所在，鼓励了大学教师不断提高自身素质以拥有教席。聘用制对于教师的流动性也提供了方便，学术交流的可能也更多更广泛。对于用人单位来说，应该有怎样的聘任原则呢？首先，效率优先，兼顾公平。也就是说要以学校的发展目标和经营管理计划为中心，聘用服务于学校的经营管理需要，同时还应该在员工聘用的过程当中考虑公平，可以先考虑内部选聘，如果没有合适人选，再考虑外部选聘。另外，应该有任人唯贤原则，并且指出学校应该“从学校的实际需要出发，大公无私，实事求是地发现人才，爱护人才，本着求贤若渴的精神，重视和使用确有真才实学的人。许多成功学校的事例都表明，任人唯贤是学校走向成功的关键”①。他还提出因事设岗、因岗择人的原则。并且认为人事任用的目的是谋求人与事之间的有效配合，只有从实际的职位需要去选聘合适的人才才能够避免机构臃肿，减少不必要的开支。有特色的是，他认为学校还应该量才使用，所谓“尺有所短，寸有所长”，每个人都有合适自己的位置，看准每位教师的基本条件，尽量把每位教师安排到合适的位置上，使每位教师的聪明才智得以充分发挥。另外，龙君伟还提出应该使选聘程序化、规范化。笔者认为这条原则是我国高校最应该注意的问题，大多高校没有形成程序或规范，主观随意性极大，这样对于优秀人才的选拔会造成影响。

高校教师的职务聘任工作，首先应该从高校人力资源规划入手，人力资源规划决定着组织为达到它的战略目标所需要的人力资源。高校要根据其战略目标与战术目标以及目前的人力资源状况决定引进、保留、提高、流出人力资源而做出预测及相关事项，从而保证未来一段时间内高校的人

---

① 龙君伟．校本人事：开发与管理［M］．广州：广东高等教育出版社，2002：99.

力资源的质量和数量。高校人力资源的目标在很大程度上依赖于自身的背景，吸引和保持学校所需要的具有适当技能、专门技术和能力的人员，预测可能出现的人员冗余与不足，发展一个具有灵活应变能力的师资群体。为高校提高对不可预测的多变的环境的适应能力作贡献。对高校而言，其人力资源规划的制订依据以下两个方面：（1）高校发展目标。因为，人力资源计划的主要目的是为了达到学校的目标。（2）职务分析和现在绩效评估。一份完整的人力资源计划应该涉及员工招聘、测试与选拔、培训与开发、职业计划、报酬系统、员工问题及其处理等人类资源开发与管理的各个领域。人力资源规划中可以预测高校所需人类资源的数量和质量，这里所说的人力资源的质量是指高校根据不同岗位的任职要求及岗位今后的发展需要对即将任职的人员的各方面的要求的总和。当人员的数量和质量得到确认后，根据教师聘任制公开、公正的原则，高校应该发布信息，面向全社会进行人员招聘。这种信息发布不同于以往只是在校内发布信息，要利用公开发行的报纸、杂志等媒体刊登广告，提出拟聘教师的条件、待遇、岗位和招聘程序，在招聘政策中，要注意强调以下几个方面：一要具体列出对要求竞聘教师加以考察的几个方面，其中包括教学效果、科研或专业上的成就（以出版或其他公开发表的方式体现），对某一学科或学科领域所作的专业性贡献；二是对要求应聘者提交个人材料的说明，如个人简历、本人学术著作的出版情况，学生评价、同行教师的评价，本人所讲授的课程、专家的推荐，这是对聘任过程的说明，其中应包括聘任委员会的构成、委员会成员的资格等。

另外，公开招聘指的是各学院根据已获批准设置的教师岗位，提前在报刊、互联网、公告栏等发布招聘信息，内容包括岗位名称、要求、个人应准备的材料、可提供的待遇、截止时间、联系方式。欲应聘的个人可根据要求提交个人的申请材料，内容一般应包括个人简历、学术经历简介（附上最高学位证书、教师资格证书、原岗位聘书复印件、教学评估材料）、已有研究项目情况、研究成果代表作和有关学术成果目录、同行及专家的推荐信，聘任后在该岗位拟从事的教学、研究工作的设想等。然后学院组织对申请者综合素质和教学、研究能力进行初审，初审通过后由学院内外同行、专家对申请人学术水平进行审核，审核通过后，应聘者要进行试讲，接受教师和学生的提问，并和有关领导进行交流，然后由教授委员会进行评审，评审通过后，由人事工作委员会评审，最后提交校长审批。

对高校来说，招聘的意义在于招聘工作关系到学校的生存和发展。在激烈竞争的社会里，高校如果没有高素质的师资队伍和科学的人事安排，必然面临威胁和挑战。因此，一所高校只有招聘到合格的教师，并把合适的人安排到合适的职务岗位上，在工作中注重教师队伍整体结构的培训和发展，才能确保师资队伍的整体素质。因此，高校教师的甄选活动就显得尤为重要。

在选聘的过程当中，对于应聘者的心理分析也十分重要。高校要招聘到一流的人才，首先应该了解应聘者在应聘中的职业动机以及应聘者的心理需要等方面的因素，这样才能避免聘来不符合岗位要求的人员。高校应聘者的职业动机，主要是指引发其从事该职业的动力或人的职业倾向目标。职业动机通常表现出变量的特征，具有一定的机缘性、不稳定性和可调节性。它随着人们受教育水平、态度、价值观、经历与经验、环境与处境等主客观条件的变化而变化。了解和掌握应聘者的职业动机对于人员招聘工作有着非常重要的意义和作用。比较有代表性的职业动机包括以下几种类型：一是趋利型，也称功利型职业动机。这种动机主要表现为对薪资、福利等物质利益和职业声望、职业形象等精神利益的追求，具有明显的功利色彩。持这一动机的人以“利”和“名”作为衡量选择职业的标准。一旦其所从事的职业失去了这方面的价值，便会义无反顾地离职，选择更具诱惑力的职位。二是事业型，也称成就型或奉献型职业动机。持这一动机的应聘者具有理想主义，把事业的成功、贡献的卓越看得高于一切。他们职业选择的标准首先是发挥人才能的空间、事业的前景、发展的机会以及对社会奉献的价值等。三是冒险型，也称求新型职业动机，这种职业源于一些人强烈的求新、好奇心理，创新、开拓欲望以及乐于冒险的精神。他们往往对新职位没有固定的选择标准，一旦原有职业使他们的创新欲望无法得到满足时，便会在好奇与冒险心态的驱使下，通过应聘来变换自己的职业岗位。四是现实型，也称发展型职业动机。这种动机仅为使某一现实问题得到解决而产生，诸如为解决住房、交通困难等。持这一动机者大多为讲究实际、要求不高、平静本分、踏实肯干的人。一旦通过录用，使其现实问题得以解决，便会安分尽职，力求职业稳定。职业动机是复杂的、因人而异的，很难把人们所有的职业动机通过一种简单的类型划分予以准确的概括。对高校而言，应该通过各种途径来了解应聘者的职业动机，分析招聘岗位是否能够满足应聘者的要求，是否适合于应聘者就职。

对应聘者的职业动机的分析，只是人员甄选的一个方面。要真正地选出合适人员，还应该对应聘者的心理需求进行分析。按照马斯洛的需要层次理论，人的需要分为生存需要、安全需要、社交需要、尊重需要、自我实现需要。针对人们不同的需求，对应岗位能够提供的条件，进行有目的、有针对性的人才甄选，对高校来说既可以减少用人风险，也可以提高人力资源的甄选效率。

招聘单位的用人观念和用人环境直接影响到人才的使用和招聘工作。良好的用人观念和用人环境会使高校对人才具有强大的吸引力和凝聚力，形成良好的吸引人才的态势；反之，则会使高校失去对人才的吸引力和凝聚力，从而使高校缺乏必要的人才资源支撑。因此，在高校用人的过程中，要防止走入一些有悖于市场经济体制的传统用人观念和用人制度的误区。首先，不要苛求完美。一些高校在对外部人才进行选聘时，要求过高，标准过严，唯恐招聘来的人满足不了高校的需要，造成用人不当，其结果将很难实现预定的人员招聘目标。还有的高校想以低成本找到高素质的人才，结果也难尽如人意。其实，完美无缺的人才是不存在的，“人有所长，必有所短”，用人只有合适与不合适之分，只要能在用人时避其短，扬其长，就能发挥人才的最优使用效果。对人才苛求完美，容易使高校错过抓住人才的机会。其次，不要重资轻能。有些高校在招聘过程中，过分注重职称与文凭，认为“职称越高、文凭越多越好”，唯职称为上，却忽视了解应聘者的实际能力和水平，在不知不觉中走入了职称文凭的误区。在实际招聘中，人才的招聘和流动往往过分受到学历、职称、文凭等的限制。使人才无法在平等的条件下竞争，往往造成良材难得，适职难求。现在很多高校在晋升、加薪等待遇政策中，往往把教师在本校的资历年限作为重要衡量标准，而把实绩和能力置于相对次要的位置。这在客观上助长了“熬年头”、“等出路”思想的滋生，不利于优秀人才的引进。理论上讲，注重资历能够对高校稳定起到一定的积极作用，但资历毕竟只能反映一个人的经验积累和贡献积累。资历与能力、潜力并不存在必然的正相关。在招聘过程中还可以应用模糊优选模型进行教师选拔。设有人员组成备选集如准备竞聘的全体人员等，又有评判每个对象的各评价因素组成的评价集。诸如政治思想与工作态度，解决实际问题的能力、创新能力等。这些评价因素可以衡量一个备择对象“水平”的测度。每个备择对象的各评价因素可用相应的特征向量来表示，显然，每个备择对象所具有的各个特征向量是不同的，可以根据不同的特征来对候选人进行一个综合的测评。

●优化原理

优化原则是管理经济学中的观点，最优化法贯穿于整个经济学的研究当中，管理者们应该知道并掌握这些最基本的原理，这些知识将有利于他们做出更好的决策。而作为大学校长或大学管理人员，优化原理也将有助于他们对人才的选聘与管理。

莫瑞斯与托马斯教授指出，所有这些优化问题都可以用一种叫边际分析的强大武器来解决。① 根据莫瑞斯与托马斯的观点，边际分析是指，使

① 托马斯．管理经济学［M］．北京：机械工业出版社，2005.

变量在一定范围内变化，看它能否使得最大化问题的值进一步增大，或是能使最小化问题的值进一步减小。如果变化趋势如我们所愿，那么我们就继续使其在该方向上变化，直至函数值达到极值。

边际分析被应用到某一变量的变动引起另一变量变动的情况，例如在利润分析中，检查产量的每一微小变动到底是提高了还是降低了净利润。如果在同一条件下，一个微小的增加或减少能够使净利润增加，则该行动水平非最优；不再变动或者利润减少，即为最优。在经济学中，这一状态被称作帕累托最优。在讨论社会福利时，帕累托最优即任何一项政策或行为，无法在不损害其他成员福利基础上使社会总福利增加的状态。

但我们应该看到管理经济学中的优化原理是有一定局限的，即遇到无法量化的情况，以及优化实际上是动态的，而不存在固定不变的“最优”。尽管如此，它的基本原理对大学教师选聘仍然具有参考价值。我们在大学招聘教员时，对自身教员队伍的特点要非常熟悉。另外，应该思考怎样使得招聘结果最优，如招什么样的专业、招聘数目、被招聘来的人的素质，等等，这些都应该成为整个高校这个系统最优化衡量要素。如何使得教师队伍达到最优配置？如何使得人才结构最优？从优化原理的系统上考虑，也就是，招聘来一位教师应该使得大学整个的影响力有所增加，而不会因为多一份开支而降低效率；通过选聘的教师，使得教师团队、大学整体上受益多于付出，从根本上有利于大学、有利于师生、有利于教学与科研。据笔者所知，原湖南师范大学校长张楚廷教授，在其任湖南师范大学校长期间，大量招聘博士研究生，同时，张教授舍得花大力气去外校请来大批优秀的教授，他在带动湖南师范大学学术空前发展、大批学科建设带头人涌现的同时，也缩短了当时大学教授的断层期，从学校整体利益上选聘达到优化。这便是看准了当时湖南师范大学需要人才，从而有效地促进了整个高校的快速发展。行动是正确的，这样才能使大学向最优化的状态前进。但是，各个大学应该根据自身的状况，客观分析，招聘工作切忌盲目，各学院报多少计划，便招聘多少教师；或者有多少指标，便招聘多少教师，这些都是不合理的。应该根据最优化原则，进行思考，科学合理地进行招聘。

### 3.3.2 大学新进年轻教师选聘之定义及其基本程序

●大学新进年轻教师选聘之定义

本书当中的大学年轻教师，指的是首次进入高等教育机构，从事教学与科研工作，年龄一般在40岁以下，没有评定职称或者获得初级学术职称（助教、讲师）的青年学者。

本书所界定的大学年轻教师的选聘，主要指的是有关年轻教师岗位的设立，年轻教师的来源，学校针对该人群的专门选聘团队、选聘方法、选聘流程，以及选聘的最高价值取向下的选择和聘用过程。不包括聘用合同的签订以及聘后管理的内容。

●大学新进年轻教师选聘之基本程序

人员招聘与甄选是组织获取人力资源的过程，是指组织根据其战略和人力资源规划的要求，通过各种渠道和方法选取有价值的员工的过程。人员招聘与甄选的最终目的就是实现组织内部的“工作与人的匹配”，从而保证个人绩效水平，使组织目标达成。

招聘与甄选具体分为人员的招募、甄选、聘用三个步骤。招募是指组织确定工作需要，根据需要吸引有意为组织工作的候选人来填补工作空缺的活动。而甄选是指从所有来应聘这一职位的候选人中挑选出适合工作的人员的活动。聘用指的是用人单位与甄选合格人员签订劳动合同，对彼此的雇佣关系进行最后的确认的活动。

在人力资源管理体系中，要实现工作与人的匹配，首先要制订招聘规划，根据职位空缺确定人员需求，根据工作说明书中的工作特征及其内在要求的描述，以及组织内各个职位所需的任职资格来确定人员录用的条件；然后，通过各种渠道和方法招募求职者；再根据所需职位的要求通过一系列的人员素质测评手段对求职者进行甄选；最后聘用符合录用条件的适合人选。

（一）制定招聘规划

1. 确定人员录用条件

要解决“招聘员工应符合什么条件”这个问题，首先要进行工作分析并形成工作说明书，按照说明书来招聘新员工。工作分析亦称作职务分析或职位分析，是对职位相关的信息（包括工作的性质、任务、责任、流程、相互关系以及任职工作人员的知识、技能、素质等）进行系统的调查收集、研究分析、整理组织，确定职位在组织中的定位、目标、工作内容、职责权限、工作关系、业绩标准、工作环境、任职要求以及与其他职位的关系等基本因素，最后加以科学系统地描述并做出规范化记录，形成工作说明书。工作分析是一项系统化的人力资源管理活动，也是整个人力资源管理活动的基础，所以工作分析的结果——工作说明书，应该是科学的、合理的、具有可操作性这样的特点。

在工作说明书中，主要包括两个主要内容，一是职位描述，一是任职资格。职位描述是对职位本身的内涵与外延加以规范的描述性文件，并且是具有指导性的管理文件。其主要内容包括工作的目的、职责、任务、权限、业绩标准、职位关系、工作的环境条件、工作的负荷等。任职资格即从事某工作的人员应该具备的与该工作绩效高度相关的一系列特征。具体包括：为了完成工作并取得良好的工作绩效，任职者需要具备的知识、技能、能力以及个性特征要求，例如正式教育程度、工作经验、工作技能等因素。详细的工作说明书有如下的作用：（1）提供职位分类的依据；（2）填充职位公告的内容；（3）描述关于所招聘职位的关键信息；（4）为管理者提供权威且有用的工具来吸引、雇佣、保留和开发称职的员工；（5）为管理者和员工提供绩效评价和职业发展的实施框架。①

2. 确定人员需求

组织在动态的发展过程中，会出现新的职位或职位空缺，选择合适的

① Recruitment guide for supervisors. www. yale. edu/hronline/recws/recguide. html.

人填补这些职位空缺正是人员招聘和甄选活动的意义所在。

一般组织定义人员需求的步骤是：由组织内部各个部门提出某些职位的空缺，向组织人力资源管理部门提出对新员工的需求申请。人力资源管理部门得到人员需求信息后，可以根据组织内部已有的职位说明书中获取目标职位的相关信息，确定要招聘的数量，招聘什么样条件的人员，并确定通过外部劳动力市场还是内部劳动力市场获取适当的人来填补职位空缺。

（二）人员招募

一旦确定需要什么样的人、多少人来填补组织内部的职位空缺，接下来的工作就是招募人员。在招募过程中，组织总是希望能有足够的申请人以便从中选出最符合组织内空缺职位要求的人员。所以为了尽可能地提高招聘人员的质量，通过适当的途径招人很重要。人员招募主要有以下几种渠道：

1. 广告

广告是吸引优秀员工前来应聘和扩大求职库的一种有效途径。通过媒体广告形式向社会公开招募人才是目前运用最为广泛的人员招募方式。广告可以刊登在因特网、报纸、杂志、广播电视以及随机发放的宣传材料上。人力资源部门将根据组织的财务状况和职位类型，制定广告内容和选择最合适的广告途径。人力资源工作者可以把教师招聘信息剪报并长时间保存，与招聘有关的问题可以反复认真阅读，发布时间、地点、种类可以选择适宜的时机。

各个有职位空缺、人员需求的部门和人力资源部门可以一起商讨和确定广告的时间、地点和途径等一系列安排。在广告制定以前，要考虑好以下事项：

（1）对广告的最高预算有清晰的概念。

（2）和人力资源部门一起确定广告的内容、文字排版等。

（3）对应聘者作大体的估计。例如：是由组织来支付面试者的路费和安置费用，还是雇佣当地人员。

（4）咨询该领域的专业人士，以选取合适的广告媒体。

（5）浏览相关的网站和印刷品，看其中公布的职位与组织将要发布的信息有多少相似性。

（6）决定采用哪种广告媒体及广告大小。

（7）确定广告的发布和结束日期。

在因特网上发布广告可以花较少的费用吸引到大量的求职者。现在越来越多的求职者通过网络来寻找工作。对于求职者，利用这种方法不仅可以在特定领域或地理位置内快捷、方便地寻找到工作，还可以节省书面申请书的开支，但是网络招募这种新兴的招募方式的缺点是收到的求职材料太多，筛选非常困难。杂志与商业广告是用来吸引在该领域内具有专业技能的人员前来应聘的。很多杂志与商业广告需要较长的预约期，而且周期长、成本高。报纸作为目前招聘广告发布的主要媒介，优点是篇幅可大可小，阅读量大，自我形象的宣传效果好。

2. 猎头公司

猎头公司近年来被广泛地应用于企业招聘。猎头公司能定位于在别处工作的成功经理——那些并不主动寻找新工作的人①。猎头公司的收费通常是新员工第一年工资的25%～30%。收费条款有很大的变动幅度，即使你是通过其他途径找到的候选人或候选人上任没多久就离开了，你也需要付出报酬。这些计划应该是由人力资源部门来制定的。另外，应当与猎头公司签订书面协议，但所有的费用都应由招聘方来承担。基于招聘公司相对专业，其专门的服务也可借鉴到大学教师的招聘当中来，专业的机构对于专门人才的聘用也许更加有效，但大学又不同于企业，其独特的个性与学术优先的性质，又注定了专门的猎头公司必须配备学术精通的人员，分布于各个学科的学者、教授都应该是这种猎头公司必备的专家库人员，这

① ［美］劳伦斯·S. 克雷曼. 人力资源管理：获取竞争优势的工具（第2版）［M］. 北京：机械工业出版社，2003.

样才能更优地为大学招募到更加合适的人才，并为大学提供更加专业的人力资源保障，以及技术的支持。值得注意的是猎头公司如果是服务于高校，还必须配备具有高等教育学相关知识背景的人员，这样在考虑高校有关问题时才能更加的到位、全面。

3. 推荐

由企业的员工、客户以及合作伙伴等向企业推荐人选，这是组织招聘的重要形式。这种方式的优点是对候选人的了解比较准确，招募成本比较低廉，而且推荐人与企业形成了一种隐性担保关系，被推荐人的教育背景、业务能力一般较为可靠。采用这种方式的典型案例是思科公司，该公司大约10%的应聘者是通过相互介绍而来的。组织可以建立一些特别的奖励机制，鼓励员工向企业推荐员工。推荐这种方式应用于高校也是可行的，在国外，就有知名教授推荐人选的先例。另外在西方国家大学任教，通常都需要两封同行推荐信，或者同领域了解你的有关学者的推荐信，这样的应聘者取得职位的几率相对比较高。在我国，推荐入职的运用在很多情况下被蒙上了“人情”因素，导致了一些高校腐败行为的产生。所以，在使用这种方法的同时，最好能综合地使用其他的选聘方法，以便能更好地进行教师招聘工作。

4. 校园招募

学校是人才高度集中的地方，也是组织获取人力资源的重要源泉。每年都有数以万计的大学生走上就业岗位。大学生的专业知识和对工作的热情是很有价值的，所以往往通过校园招聘能招到一些高素质、高专业素养、有可塑性的优秀人才。校园招聘的优点是成本低廉。选择这种招聘方式的，大多是招聘一般的基层员工，而那些需要招聘有工作经验的人员，或者招聘中高层人员者，一般是不会选择校园招聘的。相比较社会招聘，校园招聘的另一个突出优点是学生思想比较单纯且具有激情，容易培训和塑造企业文化；社会招聘人员的文化背景、工作背景各不相同，且往往有过去固有的心理模式，难以改变，如果不能适应公司的文化，很容易离职。

但校园招聘也有缺点，就是应届毕业生年纪轻，无社会经验，成为有效员工需要大量的培训时间。而且根据应届毕业生本身的特点，校园招聘还应注意的问题有：（1）要了解有关大学生在就业方面的一些政策法规；（2）在一部分大学生中经常出现“脚踩两只船”的现象；（3）学生特别容易高估自己的本领和才能，往往对将要选择的职业，以及所要从事的工作岗位具有不切实际的预期。

对于年轻新进大学的人员招聘，针对的大多为应届毕业的博士研究生，校园招聘对于大学来说，其实是比较廉价、也相对保险的招聘方式，这样的招聘能够在第一时间招募到最为合适的对象，其成本也不高。其缺点就是年轻人有“脚踏多条船”的可能，那么大学如何攻心？这又是一个新的研究问题，如何在第一时间及时签定一位优秀的人才，并且用文化与氛围来留住人才，这是高校应该进一步思考的问题。

（三）人员甄选

人员甄选是指组织通过各种人员素质测评手段，对应聘者进行评估，最终选择一部分应聘者加入组织的活动。甄选方法有多种，可以通过背景调查与推荐信核查、面试、笔试、测试（包括身体能力测试、个性测试、智力测试、职业性向测试等）等。以下详细介绍各种常见的人员甄选方法。

1. 筛选

基于职位的要求，人力资源部门将筛选所有应聘人员简历，看其是否具有达到或超出要求的经验、教育或技能，挑选出组织认为最具有资格的人员参加面试。筛选简历时应根据具体职位的工作说明书确定筛选标准，如基本条件包括学历、专业、经历、工作经验、跳槽频次、材料准备认真程度、求职意愿强度等，以及一些有特殊要求的职位应注意的条件。

2. 核查

大部分人在写作简历时是诚实的，但也难免有些人过于夸大自己的成绩。仔细研读每份简历，才能选出进一步参加筛选评测的对象。人力资源部门还可以通过背景调查等手段对应聘者提供的个人信息的真实性进行核查。

背景调查是在招聘过程中对组织外部申请者进行甄选的最基本最常用的办法，在大多数美国跨国公司中比较流行。通过背景调查，可以证实应聘者的教育和工作经历、个人品质、交往能力、工作能力等信息，其主要方式有推荐信核实、电话核实，也有利用商业调查进行核实的。在惠普公司，应聘者需要提供两个比较了解他的推荐人，推荐人可以是客户、同事，也可以是以前工作的老板，公司交替去确认推荐人的可信程度。惠普在招聘中对应聘者经背景调查后进入正式的招聘程序。美国柏德公司在招聘的过程中则非常看重应聘者除了必要的教育背景之外，还接受过哪些培训，一方面认为培训会直接影响应聘者的相关技巧，另一方面是希望应聘者过去的公司也重视培训。

3. 面试

甄选面试是指由一个或多个人发起的以收集信息和评价求职者是否具备职位任职资格为目的的对话过程。面试是在各种组织中应用得最为广泛的一种甄选方式。

面试之所以能评测人的素质，是因为人的内在素质与外显行为是一个动态的整体系统。外显行为包括言语行为与非言语行为。根据普通心理学理论，内在素质必然通过外显行为表现出来。一般说来，只有当被试者如实表述其素质状态时，语言行为与非语言体态行为才能协调一致；外显行为受制于内在素质，具有某种特定性、稳定性与差异性。

面试以谈话和观察为主要手段。谈话主要以提问的方式展开，在这一过程中也伴随着对应聘者的观察。主试者根据自己的经验，运用自己的感官，特别是视觉、听觉，观察应聘者的言语、非言语行为，并判断应聘者的人格特征如仪表风度、自信心、反应力、思维的敏捷性、情绪、态度、技能特征、经验特征、智力水平及一般能力。面试可以弥补笔试等其他选择方式的不足，面试可以从另一方面对应聘者的情况进一步了解，从而全面考察应聘者的组织能力、领导能力和实际工作能力以及人际沟通能力、语言表达能力等综合素质。

面试主要有以下几种基本的类型：

非结构化面试：这种面试是主考官和求职者进行的一种开放式的、任意的谈话，它没有固定的模式和事先准备好的问题，随意性较强。非结构化面试使主考官更容易对求职者素质进行判断。

结构化面试：主试者要问的问题是事先已经安排好的，主考官严格按照这一事先设计好的程序提问，根据应聘者回答的情况进行评分。在结构化面试中，问题大致包括以下问题：一是与职位有关的问题；二是针对现有工作情况设计的问题；三是工作经历方面的问题；四是与教育有关的问题；五是业余爱好和活动方面的问题；六是关于工作职位安排的问题；七是关于应聘者对自己的评价问题。这种面试的最大优势就在于面试过程中采用同样的标准化模式，每个应试者面临相同的处境和条件，因此面试结果具有可比性，有利于人才选拔。

情境面试：这是结构化面试的一种特殊形式。它的面试题目主要由一系列假设的情境构成，通过评价求职者在这些情境下的反应情况，对面试者进行评价。

小组面试：是将应聘者分为若干小组，就一些问题展开讨论。主试者可在一旁就应聘者的领导能力、逻辑思维能力、口才、处理人际关系的能力和环境控制能力等进行观察评价，加以甄选。

压力面试：压力面试的目标是确定求职者如何对工作上的压力作出反应。在典型的压力面试中，主考官提出一系列直率，或者是不礼貌的问题，让求职者明显感到压力的存在，甚至陷入较为尴尬的境地。面对这样的问题，求职者若对工作变换能作出平静清晰的说明，则说明他承受压力的能力较强；若求职者表现出愤怒和不信任，就可以认为在压力环境下，他的承受能力较弱。

4. 笔试

笔试主要用于测量应聘者的基本知识、专业知识、管理知识及综合分析能力、文字表达能力等方面的差异。笔试花费时间少、效率高、成本低，对报考者知识、技术、能力的考查信度和效度较高，成绩评价比较客观，因此笔试依然是企业使用频率较高的人才选拔方法。笔试的缺点在于它不能全面地考查求职者的工作态度、品德修养以及其他一些隐性能力，因此笔试技术往往作为其他人员甄选方式的补充或是初步筛选方法。

5. 雇佣测试

在人员选拔中常有的测试方法包括个性测试、身体能力测试、智力测试、职业性向测试等，这些测试总称为雇佣测试。个性是人具有的独特的、稳定性的对现实的态度和行为方式，它具有整体性、独特性和稳定性等特点。对应聘者进行个性测试，可以对未来绩效进行预测，并且容易找到与工作相匹配的人。人格测试在西方管理学和心理学界具有悠久的历史，并开发出了大量的人格测试方法，一般分为两种类型：一类是自陈式测验，另一类是投射式测验。身体能力测试，也扮演着相当重要的角色，身体能力素质关系到工作的绩效，当然也影响到将来可能发生的工伤等情况，大多数机构对应聘者通过面试后，都要进行常规体检，也是身体测试的一种形式。职业性向测试，职业性向是指人们对具有不同特点的各类职业的偏好和从事这一职业的愿望。职业性向测试就是揭示应聘者对于工作特点的偏好，应聘者的这一态度决定了员工工作的绩效，以及离职率。目前在招聘选拔中所使用的职业性向测试主要是霍兰德职业性向测试。霍兰德在研究职业兴趣的共同性和差异性的基础上找到六个测量纬度：现实型、调研型、艺术型、社会型、企业型、常规型。霍兰德认为人格是决定个体选择何种职业的一个重要因素，因此，对职业性向的测试可以反映出个体选择的大致方向。通过这些测试可以挑选出真正适合在教师岗位上工作的求职者。

（四）人员聘用

经过几轮的筛选，最后人力资源部门作出聘任的决定，办理聘用手续。用人单位和应聘者双方签订一个录用合同。合同的内容包括工资待遇、聘用时间、福利待遇，以及双方的责任与义务，等等。人员的聘用合同属于民事合同的性质。双方应该是在平等的基础上进行签约活动的，校方应该给教师更多的选择权与决定权，条款必须由双方协议拟定，而并非学校固有的合同，对所有教师都一成不变。应该人性化签约，不应该使教师总是处于被动局面，而应该给予教师最大的尊重与礼遇。这样，大学才能吸引更加优秀的人才前来任教。

大学在聘用这个环节上，应该摒弃“官僚制”的作风，以教师的利益为根本，多从教师的角度考虑聘用的问题。对于优秀教师的聘用，应该快速办理，而不应该在行政手续上拖沓，一个优秀的集体，应该具备良好的行政素质，故大学要留住人才，应果断签约，决不拖沓。

### 3.3.3　何谓大学新进年轻教师选聘的优化

20 世纪 90 年代初期，原湖南师范大学校长张楚廷在处理教授“断层”问题上，曾经提出：“即使面对的状况是同样的，即使都那样想着，却也要想得更好一些，首先是不同一些，有不同才可能有特殊，有‘更’出现（更快、更好、更先进）。”① 张教授还指出，“更”字，是一个比较级，如果更多的人对“更”字感兴趣，就会增加活力。对于大学，对于社会都是如此的。一个社会，一种体制，是否先进，就在于它是否能促成越来越多的人思考“更”字；一个人，一个团体，是否优秀，就在于他是否常思考那个“更”字。因此，一所大学的管理者更应该时时刻刻思考“更”字，在大学新进年轻教师的选聘工作当中，也应该努力思考“更”字。如何做到“更”好？这便是本书所谓的“优化”。也就是我们在寻求一个“次优”或者说“趋于优化”的状态。

---

① 张楚廷．张楚廷教育文集（第 4 卷）［M］．长沙：湖南教育出版社，2007：103.

本书所说的优化即趋于优化，具体优化的标准可以依笔者提出的五大战略进行考虑。首先，从选聘人才的理念着手，选聘的方向问题，选择与被选择其实是个双向的问题，高校是否重视双向选择的重要性，对于人才的获得具有非常重要的作用。其次，选聘的方法或者说是标准，单一的标准肯定是行不通的，如何更加优化选择的标准，综合考虑各个方面的标准，选拔的人才会更加适合自己的岗位。再次，选聘来源的选择，来源包括地缘、学缘等，来源广泛，是优化的一个方向，学术界提倡“万马奔腾”的现象，来源单一只能使得学术水平受限制。另外，选聘操作中是否遵循了科学的原则，一般选聘以需求设岗，那么对于科学性的考虑，可以说是优化的一个方向。最后，时机上的优化，年轻教师有着他特有的特点，属于特定的人群，如何选择合适的时机？对于高校以及应聘者来讲，都是很重要的，选择的时机对于无缝隙上岗培训提供了时间上的支持，也使高校的用人效率得到了提升，是优化的一大战略。

大学年轻教师的选聘是一个不断优化的过程，选聘力求的是一种更优的状态，选聘当中，不可能避免出现各种各样的问题，也不可能达到“没有问题”的境界，力求优化整个选聘的过程才是可行的方向。故本书立足于推动选聘工作的优化，达到“更好”的境界。

以上笔者就选聘的相关原理以及何谓优化进行了理论分析，下面将从多学科的角度来分析选聘的问题。

## 3.4 选聘之多学科论

### 3.4.1 经济学视野下的选聘

高校教师的职务聘任制应该是教师劳动价值实现的机制。责酬一致是教师职务聘任制的重要内容，不同的岗位对教师劳动的要求是不同的，履行岗位职责应该对应不同的岗位报酬。完善的职务聘任制，就是要摒弃平均主义的分配方式，形成能够充分体现并积极鼓励教师履行岗位职责和创造突出业绩的薪酬体系。

马克思劳动价值论的一个基本观点是，商品的价值是由社会必要劳动时间决定的。社会必要劳动时间是指“在现有的社会正常的生产条件下，在社会平均的劳动熟练程度和劳动强度下制造某种使用价值所需要的劳动时间”。根据这种定义，可以推论出一种如何分配才最有利于创造财富的生产力发展的分配原则——按劳动贡献分配为主和非劳动生产要素参与分配，即在劳动者之间，谁的劳动对社会的贡献比较大，他得到的劳动成果就应该比较多。马克思的理论明显地突出了劳动的作用，它继承和发展了斯密、李嘉图等人承认人类财富主要来源于劳动的理论，既表明了劳动与物的共性，又表明了劳动与物的区别，为建立高校教师职务聘任制改革目标实现路径设计的收入分配理论，奠定了重要的理论基础。

马克思在《资本论》① 中从分析商品开始，提出了劳动二重性、社会必要劳动时间、价值、使用价值、劳动力、可变资本、不变资本、剩余价值等一系列基本范畴，并在这些范畴的基础上创立了他的收入分配学说。高校教师的劳动力是商品，不同高校岗位所需要的教师的劳动是不同的，因此，不同岗位上所要消费的劳动力商品也是有差异的，责任重的岗位需要的劳动商品生产所花费的社会必要劳动时间就多，拥有这种商品的人作出的贡献也就越大，因此应该得到更多报酬。

随着经济体制改革的推进，高校教师职务聘任制是一种市场化的改革趋势，如何实现高校教师的劳动价值，是值得我们思考的问题。国外的一些大学在当前的工资制度改革中，已逐渐注意到绩效的重要性，针对以往大学教师的单一工资制度进行了纳入绩效因素的改革。单一按劳分配具有一定的局限性，依据高校非营利性组织的特点，建立一种以个人知识、技能为基础，以不同岗位职责要求教师付出的劳动的不同为基础的报酬分配形式。这种分配能够使责酬达成一致，是教师的责任、权利和报酬的统一，符合责权利统一的管理原则。

---

①　马克思．资本论（第1卷）［M］．北京：中国社会科学出版社，1983．

使人和组织得到提高，要在高校人事管理中引入竞争机制，必须抓好以下几方面：

（1）以更新观念为先导。要有效地将竞争机制引入高校教师职务聘任之中，首先必须解决观念更新问题。职务聘任工作涉及的是人的使用和报酬的分配，与每个人的切身利益都息息相关。有关职务聘任的人事管理上的任何改动或变革，都是极为敏感的，都会引起方方面面人员的关注。因此，必须首先解决思想观念问题，思想是人行为的指挥棒，只有认识问题解决了，才能营造良好的竞争氛围，才能开展真正的竞争。更新观念，必须在两个层面上解决问题，一是要在全校形成全员竞争意识。要使全体教工都认识到，竞争是现代社会的通用法则，竞争是社会进步的推进手段，竞争是提高个人素质、增加个人收入的重要途径，竞争是促进部门先进、单位发展的重要工具，并真正形成全员共识。二是要提倡和鼓励在正确目标指导下的个人奋斗，人人争先。要营造竞争光荣、你追我赶的竞争氛围。利用外部压力促进内部竞争。现在高校的外部环境已经或正在发生变化，高校已经并正在面临着严峻的挑战和危机，职务聘任制的实施，使很多高校的教师招聘工作面向全社会甚至全世界，教师职务竞争不仅是内部竞争，而且是全社会甚至全世界致力于教育事业人员的竞争，同时高校也面临着外部的竞争和挑战，高校与社会单位之间的人才竞争日趋激烈，因此，高校必须要更新观念，以便在人才竞争中获得优势。

（2）高校教师的职务聘任制要在正确目标的指引下，提倡竞争，鼓励竞争。竞争能给人们带来压力，从而使压力变为动力。建立起真正有效的竞争机制，使高校教师的职务聘任有效利用竞争带来的活力，以使整个师资队伍呈现出生机活力，这样有利于师资队伍整体水平的提高。

（3）根据市场供求衡量工资理论，以具有吸引力的薪酬留住人才。阿尔弗雷德·马歇尔（Alfred Marshall，1923）的均衡理论构建了完全竞争条件下工资由劳动力需求曲线与劳动力供给曲线相交决定的经典基本模型。该模型认为，劳动力市场上的劳动力与其他商品类似，其价格即工资水平取决于劳动力市场上供求双方的力量，均衡工资（出清工资）水平最终决定于供求曲线的交点。均衡工资模型是我们实行市场取向的收入分配改革的最重要的理论基础，其对教师收入分配改革主要意义在于：①改革高校用人体制，大力培育统一、公平、有序的高校人才市场。让人才步入市场，让高校自主选才。②要逐步形成“国家引导，市场主导”的高校教师工资决定模式，使得工资水平能反映教师能力水平和市场供需变化。③为了吸引和保留高素质的专家和学者进入高校，应当给教师支付适当高于市场工资率的工资。

（4）根据人力资本理论与智力投资理论，加大对高校教师继续教育的投入。西奥多·舒尔茨、加里·贝克尔以及雅各布·明塞尔等创立的人力资本理论认为[①]：①人力资本除了天生的禀赋成分之外，更多是靠后天的投资形成的，投资的形式主要包括正规教育、各种培训等；②人力资本能够为其投资者和使用者带来收益，人力资本价值越高，收益就越大；③与其他资本一样，人力资本的投资也要讲究回报，人力资本价值越高，给予其相应的回报亦越高；④与其他资本形态相比，人力资本投资的回报是非常高的。人力资本理论对教师收入分配的最大指导意义在于：高校教师的收入分配应该能够基本反映教师的人力资本存量，通过薪酬管理鼓励和刺激教师终身学习，不断提高自身的人力资本。教师的自我完善，学习意识越强，对于高校整体学术、教学水平的发展，是具有重大意义的。

### 3.4.2　社会学视野下的选聘

人力资源与雇佣者的关系，在市场经济体制下，作为人力资源的劳动者与雇佣者（雇佣单位）之间，有着既对立又共存的关系。这种对立和共存，决定了人力资源的实际地位和各方面权益。

首先，作为人力资源的劳动者与雇佣者之间的对立关系，根源在于人

---

① ［美］T. D. 舒尔茨．论人力资本投资［M］．吴珠华，译．北京：北京经济学院出版社，1990.

力资源个体向雇佣者让渡自己的劳动，雇佣者对人力资源发放与其劳动相对应的报酬。实际上，这种“对立”既有平等性也有不平等性。

对立中的平等关系。双方之间存在平等关系的原因是，在双方的交换中，双方各自进行经济计算，趋“利”避“害”：雇佣者想以较低的劳动报酬获得较多的劳动，而劳动者想以较少的劳动付出获得较多的劳动报酬，双方都想在这种交换中获取更多的利益，因此，作为双方都接受的结果应当是平等的。另外，劳动者与雇佣者也是在法律面前平等的两个主体。

对立中的不平等关系。双方之间存在不平等关系的原因，其一是劳动者和雇佣者共居于同一个社会组织的不同层次，科层制组织先天就有着上级领导和下属服从的关系。其二，雇佣者有着“趋利”的本性，为了节约人工成本和获得更高的产出，有时会通过非人道的、甚至非法的手段进行管理。这样，会引起双方的冲突甚至斗争。其三，由于劳动者与雇佣者在市场上的稀缺程度不一，这种市场环境也影响到他们在组织当中的地位。一般而言，人力资源是过剩的，而雇佣者是稀缺的，因此求职者和已经就业的工作者就处于不利的地位。但也有的人力资源由于具有非常高的技能、经验而稀缺，这时他们就会处于有利地位。

其次，作为人力资源的劳动者与雇佣者之间，又存在着共存以及互利的关系。因为双方是同时存在的：没有劳动者，企业就不能进行生产，雇佣者就无法获得利润；没有雇佣者，劳动者就不能获得工作岗位，没有工资收入。所以，双方必须统一，才能保证经济活动的进行。缺少了劳动者或雇佣者任何一方的合作，不仅对方会受到损失，自己也无法取得收益。因此，这种经济活动使得双方都得到利益，使他们双方成为从社会索取利益的利益共同体。劳动者和雇佣者双方合作、致力于经济发展，“共存”就可以带来“共荣”的成效。在生产增长、效益提高的情况下，企业才能增加效益，学校才能有所发展，劳动者才能有更高的工资，更有前途的发展平台。国外有学者作了形象的比喻：当一个馅饼比过去做得大时，若按以前的比例切，每个参加分配的人都能比过去得到的更多。① 正因为劳动者与雇佣者之间存在这种兴衰与共的关系，因此，高校应该重视员工的进入途径，择优录用，发挥人才的最大效应。努力将“馅饼”做大，做真正意义的大学。招募一批“大师”，做更大、更强的高校。

大学招聘大学教师，决定聘用后，用人单位和从业者之间签订劳动合同，这种合同就成为保障劳动者与用人单位双方合法权益的重要工具，是双方在发生劳动争议时进行处理的重要依据，也成为规定和调整双方劳动关系的手段。

高校组织与其成员之间的既对立又统一的关系，要求高校必须加强组织文化建设。组织文化是一种弥漫于组织各个方面、各层次的价值观念、思维方式和行为习惯，是组织的风气、风格。在组织内部垂直的影响过程中和横向作用过程中，组织文化起着不可或缺的作用。它不仅对组织的运转是一种必不可少的润滑剂，而且能够创造良好的组织气氛和组织环境，从观念、信仰层次调动组织成员的工作积极性和忠诚心，是其他管理手段无法取代的。建立高校教师职务聘任制的良好的制度文化和精神文化，在高校教师中形成良好的价值观念和组织风气，调动教师的积极性，提高教师的忠诚度。价值观是人们关于好坏善恶的认识或看法，高校教师管理中的价值观无处不在，是学校及全体教师一致赞同的关于客观事物对于组织是否具有价值以及价值大小的共同认识或看法。它体现了学校的基本观念和信仰，反映了学校内部衡量事物重要程度以及是非优劣的根本标准，因而价值观是组织文化的核心和基石。

价值观的实质在于客观事物能否满足高校和教师的共同需要。价值观体现了学校最高目标和宗旨，是学校最高目标和最高宗旨的集中反映。在高校组织中形成共同的价值观，具有稳定、凝聚全体员工的管理效用。共同的思维方式也表现为组织的模式化，组织中共有的思维方式通常难以觉

---

① Thomas O. Davenport. Human Capital—what it is and why people invest in. Jossy · Bass Publishers, 1999.

察，组织成员自己也未必有明确的意识。但是其在一定程度上支配着组织的判断和行为。价值观和思维方式是抽象的事物，抽象的事物具有一般性、融通性、普遍适用性。

不管遇到什么事情，发生怎样的变化，只要有共同价值观，看待和处理问题的基本方式就不会改变。但是价值观和思维方式的抽象性也有其局限性。要建立起完整可行的组织文化，只靠抽象的价值观和思维方式无法达到集体协作的目的，因此，必须将其转化成具体的行为规范。要形成高校职务聘任中的协调一致的组织文化，高校的管理者需要把价值观具体化为具体的政策和学校的规程、制度、管理体系。通过这些手段，告诉高校教师在具体的情况下应该如何行动，即确定明确的行为规范。高校组织文化有很强的激励作用，可以促进组织凝聚力的增强。这是由于通过价值观念及目标的引导，高校将不再是仅有相互利益需要而凝聚起来的群体，而是一个由具有共同的价值观念、精神状态和理想追求的人凝聚起来的组织。

在这个组织中，每个成员都有着强烈的认同感和归属感，对学校的发展前途充满责任感和自信心，积极参与学校的各项活动，主动将个人利益与学校利益联系在一起，与学校结成共同体。同时，在组织文化的长期强制性约束下，共有的价值观念内化于职工的思想行为之中，形成教师对学校组织文化的自然适应。这种自然适应也强化了教师与学校的关系，使教师尽量避免脱离本校而进入其他文化圈子。同时在领会组织文化基础上形成的行为规范，具有自动控制、自动调节、约束行为的功能，它可以起到在没有明确规范约束条件下调节行为和明确规范未能规定范围内起到约束作用的功能。共同的行为规范是组织文化得以维持和延续的基本保证。

在高校的组织文化建设中，应当以共有的价值观念体系为宗旨，围绕实现学校目标建立、健全各项规章制度，形成严密的规范网络，使教师的各种行为活动、相互关系的确立和调整以及行为效果的评价等均有章可循，有法可依。组织文化是大学发展的内在动力，教师职务聘任制通过打造规范的制度文化，凝聚共识，将高校发展目标分解落实到每一个岗位，使学校事业发展成为全体教师的共识，使广大教师在心理上认同与支持，并把自己的前途与高校的发展联系在一起，在教师的不断发展中实现学校组织文化建设的目标。

### 3.4.3　管理学视野下的选聘

管理是一个无处不在的重要社会现象。对管理一词表述得比较全面的有王晓君①，王晓君认为，管理是管理者在一定的环境下，对组织所拥有的资源（人力、物力、财力等）进行计划、组织、领导、控制和协调，以达到有效地实现组织目标的过程。

路易斯（Lewis）、古德曼（Goodman）和范特（Faudt）对管理下了这样的定义："管理是切实有效地支配和协调资源，并努力达到组织目标的过程。"非常明显，人力资源是管理学应当重视的一项内容。管理在一个组织和社会当中具有非常重要的意义。概括起来说，管理的重要性主要表现在以下两个方面：首先，管理使组织发挥正常功能。管理，是一切组织正常发挥作用的前提，任何一个有组织的集体活动，不论其性质如何，都只有在管理者对它加以管理的条件下，才能按照所要求的方向进行。组织是由组织的要素组成的，组织的要素互相作用产生组织的整体功能。然而，仅仅有了组织要素还是不够的，这是因为各自独立的组织要素不会完成组织的目标，只有通过管理，使其有机地结合在一起，组织才能正常地运行与活动。组织要素的作用依赖于管理。管理在组织中协调各部分的活动，并使组织与环境相适应。总而言之，生产社会化程度越高，劳动分工和协作越细，就越要有严密的科学的管理。组织系统越庞大，管理问题也就越复杂。其次，管理的目的在于实现组织的目标。管理是每个组织为了实现其目标的手段，通过管理能使组织目标得到有效的实现。管理的基本对象是"人"和"物"，现今所指的管理主要是针对人的管理，管理也就

---

① 王晓君. 管理学［M］. 北京：中国人民大学出版社，2004.

是处理人与人之间的关系。管理的基本活动包括计划、组织、指挥、协调和控制，其核心在于协调。要实现组织目标，就必须协调组织内的各种关系，既要协调人与人的关系，又要协调人与物、物与物的关系，通过协调各种关系，使得生产要素同步化、和谐化，以保障组织目标的实现。

高校教师选聘，是高校教师的主要来源、方式。如何协调高校内部的资源，整合各部门的力量，协调招聘活动，对于高校目标的实现是非常重要的。例如，澳门大学的愿景，也就是该大学要实现的最高目标是：致力发展为教学研究均属领先地位的澳门最高学府及重要的地区性大学；致力发展为教学研究皆优的国际化大学。这样的愿景也就决定了澳门大学招聘教师的侧重点与目标，建设教学与研究皆优的大学，必然需要教学能力与研究水平都相当高的教师，国际化的走向也就预示着澳门大学教师的来源也应该走国际化的路子，应该在国际化的范围内广纳贤才，而并非局限在某一范围之内。更应该加快引进国际化人才的路子，学术氛围才能更加开阔，眼界自然不同。既然澳门大学应致力于本地区人才培养与开发，注重本土人才的培养也是非常必要的。澳门大学如何在招聘上协调、管理将直接影响到其大学目标的实现，因为在高校这个机构当中，教师是一个主要的群体，也是决定大学特色的体现，关键的群体。

在高校教师职务聘任管理中，建立有效的竞争机制，要抓好四个关键性环节：

一是目标导向。竞争的前提是有目标，人们要朝着某个目标前进，才能取得效果。建立怎样的竞争结构、功能，首先必须从所要达到的目标出发，要使竞争直接有利于组织目标的实现。组织目标的确定对建立教师的竞争机制十分重要。不同层次、不同定位的高校，其组织目标是不同的。

二是利益驱动。竞争机制的设置，一定能借助利益诱导或驱使竞争者按有利于实现组织目标的方向采取行动，即确保竞争有利于竞争优胜者获得更大的利益，使竞争者出于对自身利益的关心而积极参与竞争，而非仅仅是出于外力强迫。没有利益的驱使，竞争者很难有竞争的热情，这种利益的驱使，可以根据不同的人，给予不同的利益驱使。在设置对竞争者的利益驱使的过程中，要充分发挥马斯洛需要层次理论的价值，不同的需要给予不同的利益驱使，会使竞争到达最优效果。

三是健全制度。竞争机制，必须有健全的制度规范体系作保证，通过鼓励性的、完善的规章制度把竞争规范化。既包括运行规范，如公开、公平等竞争原则，又包括运行结果的评价与对待规范，如优胜劣汰、奖优罚劣等原则。没有制度保证的竞争，很可能成为恶性竞争，不但不能给组织带来活力和利益，反而会使组织受到损害。任何竞争都要有章可循，组织目标的实现需要健全规章制度，是竞争正常发挥功能的首要前提。

四是量化考核。竞争之所以能够进行下去，是因为人们期待结果，因此，对竞争过程和竞争结果，必须进行科学的考核与评价。特别要提倡进行量化考核，最大限度克服主观随意因素，确保竞争能得到真正客观、公正的对待。从而，有效实现竞争的目的，提高高校教师职务聘任工作的效能。有竞争就要有淘汰，否则竞争就失去意义。高校教师职务聘任制要有能进能出的淘汰机制，严格考核制度，能者上，庸者下，打破高校教师只进不出的惯例。通过公开招聘、竞争上岗、双向选择，优胜劣汰，实现人力资源的优化配置。

此外，需要加强对高校教师的职业生涯管理。所谓生涯，根据美国组织行为专家道格拉斯·霍尔的观念，是指一个人一生工作经历中所包括的一系列活动和行为。职业生涯管理是美国近十几年来从人力资源管理理论与实践中发展起来的新学科。职业生涯即事业生涯，是指一个人一生连续从事和负担的职业、职务、职位的过程。一个人的事业究竟应向哪个方向发展，其一生要稳定从事哪种职业类型，扮演何种职业角色，都可以在此之前做出设想和规划，这就是职业生涯规划、设计。职业生涯规划要把个人和组织相结合，在对自己职业生涯的主客观条件进行测定、分析、总结研究的基础上，确定其最优的职业奋斗目标，并为实现这一目标做出行之有效的安排。职业生涯管理分为个人的职业生涯管理和组织的职业生涯管理。个人职业生涯与工作单位之间存在密切的关系。从组织的角度看，职业生涯相当于职员的成就、薪金史、社会的认可等。从个人的角度看，职业生涯就是将个人的需求、理想、愿望与个人实际能力、技术、动机等特征作出事实评价的过程。现代职业生涯的概念，不仅包括传统意义上的工作经验，而且包括职业选择的多样性、个人抉择，以及个人经历等。

当今高等学校主要有传播知识、科学研究和服务社会三大功能。传播知识是高校教师的首要任务，学校的办学定位是高校教师制订阶段职业奋斗目标的“根”，不同的高等学校的办学定位与区域经济发展息息相关，有教学型、教学研究型、研究型等，因此作为不同层次不同类型的高校教师，其职业奋斗目标必须植根于学校的发展需要中。

高校教师职业生涯管理的目的就是既使教师的低层次物质需要的满足度逐步提高，又使他们的自我实现等精神方面的高级需要的满足度逐步提高。无数事实证明，如果组织无法满足职工的期望，这种可能性反而会成为一种威胁。众所周知，当组织处于发展鼎盛阶段，往往会给职工提供更多的职业生涯发展机会，而当组织处于萎缩阶段，它为职工提供发展的机会也就会越来越少，由此就有可能造成优秀人才的大量外流。人才外流不仅加剧了组织内部人才资源危机，而且在客观上帮助了竞争对手壮大力量。

因此，当学校的发展出现困难时，更应该对教师职业生涯管理的重要性有一个清晰的认识。教师的职业生涯计划，就是将所期望达到的目标明确地表达出来的过程，是指学校或者个人把个人发展与学校发展相结合，对决定个人职业生涯的个人因素、组织因素和社会因素等进行分析，制订有关对个人一生中在事业发展上的战略设想与计划安排。

一个教师的职业生涯可以是发展的，亦可以是停滞的；可以是成功的，也可能是失败的。外因是条件，内因是决定的因素。教师职业生涯目标的抉择与其实现的程度和结果，关键在于自己是否愿意承担一种积极进取的责任、是等待时机来临还是自觉努力、是否坚持不懈地追求，而且在于追求的目标是什么。

朱小蔓教授指出，现代学校教育立足于人的完整生命的塑造和健全人格的培养，而道德教育就构成了主宰、凝聚和支撑整个生命成长进而获得幸福人生的决定性因素，倘若缺失了德性的成长，那么人的生命的其他部分的发展都会受到限制。可见，教育中人的生命的完整性规定了道德教育的统摄性。教师职业生涯计划旨在促进教师自主发展，这种发展需要的不仅仅是不断提高技术手段，而且更重要的是个人道德理性持久性地处于高度自觉状态。

因此，教师职业生涯目标的实现需要一生的孜孜追求，而这种道德理性的自觉，正是主宰、凝聚和支撑生命价值的灵魂。高校教师职务聘任制的实施，给高校教师带来了职业上的压力和挑战，高校对教师素质的要求不断提高的同时，也要重视对现有教师的培养，即对现有教师职业生涯的规划。给教师创造提供不断学习和提高素质的机会和条件。针对不同岗位、不同教师的特点，制定相应的培养方案。

职业生涯管理与计划，是现代人力资源管理的重要理论与实践方式。在我国传统教师教育模式中，这一重要的内容长期被忽视。故我们在年轻教师的招聘问题上，应该多关注年轻教师的职业生涯管理，招聘一个年轻教师容易，帮助其确立可行的生涯计划，对于稳定人才，发展人才才具有更长远、更有益的作用。

### 3.4.4　哲学视野下的选聘

大学教师选聘当中有这么几对关系是值得弄清楚的。首先是“度”的问题。招聘多少教师，本土与外地教师的数量，招聘频率都涉及一个度的问题。其次是“人”的问题。主要是人与人之间的问题，人与周围物以及环境的问题。

根据唯物辩证法的观点，物质世界是普遍联系和永恒运动的。统一的物质世界中的万事万物都处在相互作用的普遍联系之中，都处在不断产生、不断消亡的运动、变化和发展的永恒的过程之中。统一物分裂为两个互相排斥的对立面，对立面之间的相互制约和相互作用是普遍联系的最本质的内容，同时又是事物自我发展的根本原因。对立面的统一和斗争是辩证法的实质和核心。质与量是事物的两个相互联系的属性。一定的量规定一定的质，一定的质也规定一定的量。质变和量变是事物运动发展的两种基本形式。量变引起质变，质变又引起新的量变。优秀教师“数量”的改变，将会引起该校教师“质”的改变；而相反地，如果学校任人唯权或者任人唯亲，当其裙带关系教师数量增加到一定程度，必然引起学校产生“质”的改变。事物在肯定自身存在的同时又包含着促使自身消亡的否定的方面，辩证的否定构成从旧事物向新事物的转化。辩证的否定是对旧事物的既克服又保留，是包含着肯定因素的否定。肯定与否定是对立面的统一。肯定与否定的统一和斗争构成事物的否定之否定的螺旋式上升的发展过程。对于大学教师的招聘的过程，也应该是肯定与否定的统一过程，经过矛盾与统一的过程，达到教师队伍配比的最佳程度。当然，招聘的过程中会有一系列的矛盾，会有行政力量或者政府方面施加的压力，如何在矛盾当中寻找到平衡，并且保障教师队伍的质量往高的方向前进，这是最为重要的。

大学教师招聘，涉及招聘的人与被招聘的人之间的微妙关系。招聘者应该以怎样的心态来进行招聘？招聘者能否从学术的角度出发来招聘一个新教师？招聘者如何处理与周围的关系？周围的人或周围的环境会否左右他的选择？能否真正为学校选出合适的人才？选聘的方法如何保障？选聘人才的比例如何？地缘、学缘结构如何？这些都涉及人与人的关系、人与社会的关系。这些问题归纳起来，不外乎以下几个方面：

（一）为什么选大学教师

一所优秀的大学，其必定关注“人”的发展，一所优秀的大学必定是优秀人才的集合。大学教师的招聘以及选拔，尤其是新教师的选拔更是关系到大学的发展前景。为什么要重视大学教师的选拔？因为只有从教师来源上，重点关注，并且把好关口，大学教师队伍的构成、素质以及比例结构才会从根本上发生改变，也才能保障高校能拥有一流的师资力量。在美国加州大学，重视选人是其传统。在惠勒之前，无论是以吉尔曼为代表的早期领导人，还是随后的约翰·乐康特（John Le Conte）、爱德华·霍尔顿（Edward Holden）、马丁·凯洛格（Martin Kellogg）、霍拉斯·戴维斯（Horace Davis），都将吸引学者放在学校一切工作的首位。他们深知，大学的建设不在校舍而在教师。惠勒也继承了这一优良传统，在选用教师时除对他们的言行举止、表达能力、古典知识、文学修养和工作热情有一定的要求外，他最看重的是学术成就。惠勒校长聘请刘易斯（Gilbert Newton Lewis）就是一个典型的例子。刘易斯先后于1896年、1898年和1899年在哈佛大学获学士、硕士和博士学位，1900年去德国莱比锡大学和哥廷根大学进修，是继加州理工学院教授诺伊斯（Alfred Noyes）之后美国最著名的物理化学家。为了能让他到加州大学工作，惠勒不仅同意他带来了4位年轻的教授，还同意他带来了8位助手。刘易斯也没有让惠勒校长失望，他在加州大学工作的30年里，不仅推动了学科的发展，还培养了大批的博士，在他的学生和助手当中出现了5位诺贝尔奖获得者。加州大学教授会对他的评价是：在记载对科学作出重要贡献的科学家史册里，名字排在最前列的科学家。这样的例子都证明了大学选人的重要性与必要性。

综观国内外高校，从古到今，无一不重视高校教师的选拔，中外著名的大学校长都有感人至深的求才故事。人才可贵，对于大学，这样一个崇尚知识、传承知识的地方更是如此。如何重视大学教师的选拔都不为过。美国大学校长更是以“找人”和“找钱”作为大学校长的两大职责，足见“找人”对于一所大学的发展也是极其重要的。

为什么要选择教师？道理很明显，教师的招聘关系到学校的发展。选择肯定是选择合适的，或者说是选择优秀的人才。选择本身就是扬弃的过程，选择本身就存在很多的原则与理念，故一所大学，其教师的选择也体现着其大学的理念。一所研究型的高校其大学教师的选择一定得以学术为重，故不是所有的所谓“优秀”的应聘者都可以被选择。一所大学选择“合适”的教师非常重要。

（二）谁来选大学教师

对于谁来选拔大学教师的问题，是一个很关键的问题，是用人单位选拔还是校长亲自选拔？是人事处选拔还是教授选拔、或者学生选拔？大学教师从某种意义上来说是为学生提供教育服务的，那么学生应该有决定的权利，但是学生的学识毕竟有限，他们对于一位教师的把握程度有一定限制。那么由同行教授决定？同行难免有竞争意识，“武大郎”开店的可能性也有，但是大学教授大多能以比较公正的心态对待年轻新教师的选拔，这是比较合乎情理的；但也不排除个人喜好的主观偏见，对于一些很有个性的青年教师，他们会将个人判断、年龄代沟的问题参与到新教师的选拔当中。校长亲自选拔是否较为合理且可行呢？大学校长一般是某个领域的专家，对于其他领域人才的选拔，恐怕也难以把握；并且，大学校长忙于各个方面的事务，其精力也有限。那么可否由人事处决定人才的选拔呢？人事处的人员一般具有人力资源管理的专业知识，他们的意见十分专业，但是高校是不同于企业的。高校招聘教师，很大程度上是对学术能力、教学能力的考察，人事处的工作人员有人员招聘专业知识，但对于各个学科的专业知识的把握、对教师学术潜力的判断，往往不如学者教授准确；人事处的选拔适合在招聘初期对于应聘人选的筛选，值得注意的是，人事处的选拔往往难于考虑到高校的全局与高等教育发展的原理，以及其所在高校的性质，也就是说人事处的招聘工作者最好能够接受高等教育相关知识的培训，懂得高校的特殊性质，揣摩其所在高校的独特个性，这样在招聘当中会更加有的放矢，针对性更强，也比较容易招聘到合适其高校的人才。在高校人才招聘中，应综合考虑大学教师招聘的各方权利，让各有其优劣的各个方面互相取长补短，糅合这些方面的人员组成招聘工作小组，各个层面的人员都有发表意见的渠道和合理选拔的机制，那么谁来选拔这个问题会更明确。

（三）怎样选拔大学教师

怎样选拔大学教师？笔者认为这样一个问题得从几个方面来看：选拔的理念、选拔的原则、选拔的手段。

1. 选择的理念。笔者认为大学教师选择的理念是个很重要的问题。首先，高校的理念决定它选择怎样的教师。《大学》的开篇之句是："大学之道，在明明德，在亲民，在止于至善。"大学的最高理念即"至善"的境界，故其教师的选择首先要是追求"至善"的人。此外，各个大学的理念又不一样。哈佛大学的校训是用拉丁文写的，译成中文是："与柏拉图为友，与亚里士多德为友，更与真理为友。"校训也就体现了一个高校的理念，哈佛大学倡导学生与真理为友，那么其教师招聘的时候，招聘来的新教师，应该是维护真理，追求真理的人。其次，高校如何选择教师，也渗透了管理者的理念。私立大学以利益为主导，其选择的教师恐怕是教学型的老师；而一所研究型的大学，以学术见长的地方，那么招聘的教师也就应该是研究型的教师，当然其也应该具备一定的教学能力，但研究潜力应该更为关注。再次，不同高校地理位置各异，大学背景也不同，那么其发展的理念也不一样。处于不同发展阶段的高校，其选择的人才应该有所不同。这些需要结合实际去思考。比如说广东沿海地区的独立学院，其依托母校的资源，又位于经济发展前沿，很多这样的高校以国际化为目标，当然期望学生能够有与国际接轨的理念，还需要引进外国留学生进来，争取更多的办学资金；又要服务地方经济，故其教师的选择，可能更看重外语水平、国际化背景、留学经历，其对教师科研的要求相对薄弱些，而对教学水平的要求可能更高，比如，要求英语教师能够进行全英文授课，还要求教师有一定的留学资源，能够联系国外的大学进行国际交流与合作。

2. 选拔的原则。公平、效率与自由这三大原则是高校所应共同遵守的。首先，公平、公开、公正是最根本的原则，选聘的过程要一贯地遵守这一原则。只有在公开、公平、公正的大原则下，才有可能招聘到合适的人选。如果没有了公平，公开的大环境，人才不可能被留住。这对于一个大学的发展也是致命的“伤害”。比如，香港科技大学要招聘一个全职的教员，不管等级如何，都要从最起步的助理教授开始。在香港科大，为了保证招聘过程的公正、透明和富有竞争性，连招聘的广告也须由“招聘委员会”开会讨论，逐字逐条定出对应聘教员的学术要求，如资历的深浅和研究的方向，而且要讲清楚本校对应聘教员的期待是什么。其次要坚持效率原则。无论是公立，或者私立大学，效率优先是高校应该追求的，时间就是效率，如果高校在选拔过程当中，不注意效率，做事拖沓，或者造成高校的经费浪费，或者给人才留下一个没有效率的高校的坏印象，影响更长远的发展。例如，一位教师从参加试讲到最后户口、人事关系转入该校，需要一年多时间，所谓的人才有可能就选择别的效率高的地方了。在效率方面，香港科技大学的做法很值得推荐，他们将教师招聘的具体运作采用外包制，即把大量的人力资源行政性事物，如薪酬发放、福利管理、招聘选拔和日常培训，外包给专业服务公司或咨询公司。通过外包这种形式，不仅可以提高人力资源服务的效率，降低成本，而且能将更多的时间、精力投入到人力资源战略的制定、发展和实践上。最后应坚持自由的原则。选聘自由虽然看上去是理所当然的事情，可是真正意义上的自由却很难。在现实生活当中，高校是不完全自由的，高校在选择教师的时候，可能受制于编制，受制于外界压力，受制于经费来源机关的限制等，高校选择的权力不是完全自由的这在一定程度上限制了高校的发展。

3. 选拔的手段。也就是选拔的方法，从方法上讲，当前我国的高校主要是通过查看学术简历、进行试讲、组织面试等手段选拔合适的人选。怎样的选拔方式适合各自的学校，要根据本身的体制决定。公立研究型的大学，经费不算太丰裕，组织手段如果太多元化，恐怕难以保障费用；而私立高校，资金富足的地方，其选拔的方式可能有所不同，可以组织应聘者就餐，或进行讲座，或对人力资源部门进行相关的培训，或以会议的形式招募人才。由于情况不同，各个高校选择人才的手段和方法是可以不同的。

（四）选什么样的大学教师

什么样的大学教师是高校需要的呢？什么样的大学年轻教师是更为高校所需要的呢？笔者认为，目前最缺四种教育产业人才。即高素质的教育创意人才、教育行业的经营管理人才、各专业极具新教育理念的教育教学人才、具有国际高端视野和理念的科研创新人才。

高素质的教育创意人才指教育理念新，有创新意识的人才。教育是与人的交道，美国有一句谚语：教育好一个孩子，需要全村人的努力。现在，我想说：教育好我们的大学生，需要高素质的有教育创新意识的大学教师。如朱永新、卢志文教师创立的新教育研究院团队所吸纳之人才，在教育创意上各有特色，如：晨诵、闲暇教育、理念课堂、开发各类阅读材料等。有教育创意的人，不拘于旧教育之形式，善于利用各种教学方式与手段，将种子植入学生心田，将真善美传播到心灵深处，潜移默化地引导学生，引领创意思维，给大学生更宽广、更壮阔的思想领地，任思想驰骋。

教育行业的经营管理人才指具有管理潜质的高校管理人才，也就是波士顿大学杰克教授所谈的教育管理者的“企业家领导力”。“企业家领导力”也适用于高校内从事行政管理的人员。他们要善于独辟蹊径地以新观念和新思维对待一切事物，善于捕捉机遇。为什么高校需要企业家领导人？因为高校面临的是一个日益复杂的环境，如教育问题日益增多，教育市场化、国际化趋势越来越明显，高校的限制增多、收入减少，技术给教育增加机会，权力更加分散，官僚僵化的不适应，等等。大多年轻教师将会成为未来的高校当家人、管理者，故其中必须有“企业家领导力”的人选，在教学科研为先的人才中挑选出来引领高校的进一步发展。

各专业极具“新教育”理念的教育教学人才。“新教育”是受美国进步主义影响的教育，受近代欧美教育影响的教育，与旧教育相对的教育。新社会教育者，新时期新教育，新概念新教育，新世纪新教育，新挑战新教育，新机遇新教育。这样的新教育是政治意义上的、文化意义上的，亦是技术意义上的。新教育实验的切入口改变教师，从而改变教育方法、教育目标、教育内容，以及学生、课堂，等等。那么在大学年轻教师选聘工作当中，我们就应该考虑具有新教育理念潜质的教学人才，在教学上把握技术与内容的同时，是否具有新教育的理念将直接影响所培养出来的人才之质量。

具有国际高端视野和理念的科研创新人才。高校乃学习与科研之地，科研创新潜质之人才乃立校之根本，因此科研潜质是大学年轻教师甄别与选拔人才的重要维度。考察年轻教师候选人有没有进行过专业阅读，拥有专业写作知识，具备专业的陈述、辩论观点的能力，这些将成为考察高校年轻教师所要重点关注的。对于现有的科研成果应辩证地来看，注重质量为主，数量应作为次要的考察条件，年轻教师从事学术事业的时限尚短，依托现有资源发表文章的几率还低，如果简单地以发表文章数量来判断年轻学者的科研潜力，将无法成为可以信服的判断依据。

鉴于大学教师这一神圣的学术之职业，以下将从大学教师学术职业对于教师之选聘标准进行更深层次的讨论。

我国学者吴宓在上个世纪 30 年代发表的《我之人生观》一文中，对学术职业的这种两重性作过如下剖析：“职业者，在社会中为他人机关而做事，籍得薪俸或佣资，以为谋生糊口之计，仰事俯畜之需，其事不必为之所愿为，亦非即用吾之所长。然为之者，则缘境遇之推移，机会之偶然。志者，为自己做事，毫无报酬，其事必为吾之所极乐为，能尽用吾之所长，他人之未必及我。而所以为此者，则由一己坚决之志愿，百折不挠之热忱毅力，纵牲极巨，阻难至多，仍必为之无懈。……职业与志业合，乃人生最幸之事。”因此，学术职业有两重含义。一方面，它作为一种物质意义上的专业化职业，同其他职业一样其职业化路径是要为职业群体争取地位和资源的职业合法化过程，并通过其专业化活动获得足以维持生计所需的物质报偿，满足一个职业者作为社会成员的正当需求，实现其为社会服务的社会价值。另一方面，学术活动“内在地要求研究者生命的投入，要求一种耐得住寂寞、清贫的献身精神”① 使学术职业的价值并不只体现在学术活动之外，学术活动本身就是其职业价值的体现，从业者在对学术活动的全身心投入和孜孜以求中获得了个人精神的满足和价值的实现。

在西方语境中，学术职业有狭义与广义之别。广义上，它泛指一切从事学术活动、以学术作为物质意义上的职业的人。而由于学术职业与大学的密切联系，狭义上，它特指大学教师这一职业群体。这一职业群体的“主要精力和生活重心是教学和研究、出于知识自身的目的追求知识、通过国内和国际专业协会建立声誉，职业回报和职业流动性随着职业者持续不断的强化专业化程度而增加”。本书选取的是其狭义的概念。

随着19世纪起各门学科在大学中获得适当的制度基础，学科制度化使学者在大学中的学术职业化发展路径成为一种制度化安排。学术职业和大学组织有着既统一又相异的利益基础，学术职业主要通过专业知识和特别技能以及市场机制的作用寻求在大学中的职业保障、良好的受雇条件和待遇、职业发展美好前景等，而大学则通过提供必要的雇佣和职业发展条件来有效地选拔、保持、培养符合大学发展目标和办学理念、具有高度竞争力的师资，并通过他们的创造性劳动满足公众的期望，履行社会的责任。两者在西方学者称之为的高等教育工作生活领域逐渐发展形成稳定的教师任用制度。尽管各国大学教师聘任制都会因国情、校情和文化传统呈现相当的差异性，但在这不同的制度背后，“有某些共同的成分，如一些不可思议的典礼、博士学位的学习、教学实践、研究工作，可能还有一种最难捉摸的东西，即对‘精神生活’承担的义务”。② 无论是国内的研究者还是国外的研究者，对大学教师聘任制的一致共识是把其看作调整教师和大学之间工作关系的一系列教师管理和任用的制度安排，即通过聘用合

① 钱理群．学魂重铸［M］．上海：文汇出版社，1999：160.

② ［美］菲利普·G. 阿特巴赫．比较高等教育：知识、大学与发展．人民教育出版社教育室，译．北京：人民教育出版社，2001：104.

同的形式把岗位设置、招聘过程、任用管理、解聘事由、薪资以及争议处理等环节同学校和教师双方的责任、权利、义务组合而成的规则系统。大学教师聘任制一般都包含两方面的内容：一是大学作为用人单位招聘任用教师为本单位的职工，在学校和教师之间确定基本的劳动关系。在这层意义上，它是在一个开放流动的学术劳动力市场中作为劳动力服务的买方（公立学校或私立学校雇主）和卖方（学术人员）之间的一种市场交换关系，其中作为买主的一方向卖方提供商议好的报酬、福利和雇佣条件以交换学术人员的专业知识、技能和经验。二是在两者基本劳动关系确立的基础上，学校采取相应的管理方式进一步明确用人单位和劳动力之间的岗位工作关系，合理配置教师资源。在这层意义上，它也是一种权利关系（authority relationship），一旦签订好合同在履行合同义务时，每个学术人员都要接受学校组织的最终权威及其必要的管理，按照学校的需要发挥专长、组织他们的工作、管理他们的时间及其职业生涯。与大多数其他经济部门不同，在高等教育中，工艺和组织形式被改进的可能性是比较有限的，不可能出现资本代替劳力，尤其不可能代替大有前途的劳动力，因此一切都以人的素质为转移，教师的质量和责任心直接决定了大学各方面的优异程度，因而“对于每一次对教师在其级别中的任命和晋升，大学都必须把它视为一个重大的决定和难得的机遇”①。在选择大学教师之前，管理者就应该充分了解大学教师职业以及大学教师职业与聘用制的关系，才能更为实效地选拔大学教师。

具体来说，大学教师的素质问题，有学者进行过专门的调查。所谓教师，按照通行的定义，就是“向受教育者传递人类积累的文化科学知识和进行思想教育，把他们培养成为一定社会需要的人才的专业人员”②。大学教师职业的特殊性，塑造了大学教师，并决定了大学教师角色的特性，根

---

① ［美］詹姆斯·杜德斯达．21世纪的大学［M］．刘彤，主译．北京：北京大学出版社，2005：123.

② 中国大百科全书（教育）［M］．北京：中国大百科全书出版社，1985：145.

据学者周伟的观点，理想大学教师角色的特性包括：主体上的独立性，作为大学教学过程当中的两大主体（学生和教师）之一，大学教师因为劳动的特点而具有了特有的人生需求、价值观念和行为特点，总的体现为独立性和道德上的示范性，孔子云："其身正，不令而行；其身不正，虽令不从。"大学教师是象牙塔里的布道者，其教师角色必须具有较高的道德水准。另外，周伟指出，大学教师还应具备知、能为上的综合性。他指出大学教师在知、能结构上的综合性表现为三个方面：第一，大学教师的学问应该是"通学"，在专业知识、技能上应该是融会贯通的。第二，大学教师要有创造性。一个没有创造性的教师是难以培养出具有创造性的学生的。第三，除了专业之外，大学教师一定要具有很强的教育教学能力。最后，周伟认为大学教师应具备与另一主体关系上的权威性。对于大学教师的选拔标准，根据张维迎教授的观点，有以下几个大家公认的条件：首先，一般来讲要受过很好的专业训练、系统的教育，并且指出候选人应该有博士学位；其次，当大学教师必须有一个试用期，并且指出雇佣一位大学教师需要六七年的试用期，才能看出其学术上的表现；再次，张维迎教授指出，选拔教师的工作，只能由同行来做，不可能靠外行，你的研究做得好不好，只有和你领域相同或者相近的人，才能说得清楚，但是，"武大郎开店"是最致命的威胁。①

以上是国内学者对于选聘什么样的大学教师的一些观点，下面谈一谈国外大学的情况。国外很多大学校长对于聘请一流的学者是非常重视的，美国加州大学以及约翰·霍布金斯大学校长吉尔曼认为，"大学的荣誉取决于聚集在一起的教师和学者的品质，而不是他们的数量和供他们使用的学校建筑"②，因此，他特别重视教师的选聘工作，并确立了具体的选聘条件：首先，有特殊的研究才华，有独立研究和创造研究能力；其次，能够

---

① 张维迎．大学的逻辑［M］．北京：北京大学出版社，2005：23.

② John Brubacher, Willis Rudy. Higher Education in Transition: An American History: 1636 – 1956. New York: Harper & Row, Publishers, 1958: 176.

激励学生的学习热情；再次，有共同建立一所新大学的愿望；另外，避免涉入党派和教派之争，倡导学术自由而不问教师的宗教信仰和政治倾向，不问教师毕业于何校。根据这些要求，吉尔曼聘请了当时美国最杰出的古希腊文学者格尔德斯利夫（Basil Gildersleeve），数学教授塞尔维斯特（J. J. Sylvester），物理学教授罗兰德（Henry Rowland），化学教授瑞姆森（Ira Remsen）以及一位生物学教授和一位拉丁及希腊文教授。这六位教授除罗兰德以外都在欧洲受过教育。由于他们杰出的能力，约翰· 霍布金斯大学在建校后不久便在相关领域里实现了后来者居上。

除此之外，在挑选大学教师时，应考虑多元化人才引进。美国学者亚伯拉罕也曾指出："有创见的思想家和研究者并不是大学教授的唯一类型。他们向来是杰出人物，其影响通常也是最深远的。但即使是大学，是现代大学，也需要并使用不同类型的人——有的教师对学问的贡献作用有限，但善于激励学生，或善于将其他人的研究成果融会贯通。"① 亚伯拉罕还举例说，迈克尔·福斯特（Michael Foster）虽然不是一名杰出的、有创见的思想家，却是一名了不起的大学教授：他以难以言表的敏锐性创办了杰出的剑桥大学生理学学院。保尔森（Paulsen）虽然也不是一位有创见的思想家，但他同样是一名出色的大学教授，一位判断力强、心地善良并且学问渊博的学者，帮助过许多在生活和思想的困境中挣扎的人寻回自身。除此之外，不同的国家有不同的大学，不同的地区又有不同性质的大学。正如霍尔丹勋爵所说的"大学是民族灵魂的反映"②，那么期待大学适应一种单一的模式是很荒谬的，从历史上看，大学经历了深刻的变化，是社会进化的组成部分，因此，其教师的选聘，尤其是年轻教师的选聘也应该根据大学自身所处的时期以及环境，甚至社会需要而作出相应的调整。

---

① ［美］亚伯拉罕·弗莱克斯纳．现代大学论：英美德大学研究［M］．徐辉，陈晓菲，译．杭州：浙江教育出版社，2001：2.

② ［美］亚伯拉罕·弗莱克斯纳．现代大学论——美英德大学研究［M］．徐辉，等，译．杭州：浙江教育出版社，2001．//霍尔丹勋爵（Viscount Haldane）．大学和国民生活［M］．伦敦：伦敦出版社，1912：29.

（五）什么时候选大学教师

从选人的时机来看，选人的高峰时间是可以错开的，比如说，虽然高校毕业生每年 7 月毕业，但早在每年的 1 月，大批的毕业生便开始到处寻找合适的工作岗位。如果可以在头一年的 10 月便开始物色合适的应届博士毕业生，可能高校选择的余地更大。

那么高校是否应该按日历时间表进行招聘呢？是否应该固定一个时间集中进行招聘活动呢？合适的时机或许更加重要，一个新成立的学院，或者新开辟的学科方向，需要带头人的同时，也需要一批年轻的博士来支撑学科的发展，那么招聘的时机可能就是大学需要的时候，当政治、经济各方因素突显出学科发展的某种走向的时候，我们的大学应该有“先知先觉”。什么是应该发展的学科？什么是大学发展的方向？地处不同省份的高校其发展策略各不相同，对人才的需求时期也不尽一致。

主动寻求合适的时机，主动选择合适的人才，那么大学的选择面势必更加宽广。时机，对于大学是重要的择才因素。《三国演义》当中，刘备三顾茅庐请诸葛先生出山的故事也体现了时机的重要性，刘备三次造访，真诚感动贤士。合适的时期，也可以说是当贤士还未被重用之前，这样的情况下，他们还处于相对“低”的位置的时候，如果慧眼识珠的大学校长能够看准时机，予以重用，那么所谓“士为知己者死，女为悦己者容”，真正的贤士，会为这所学校的发展贡献自己的力量，并且很难被别的学校“挖”走。

## 3.5　选聘之学术职业管理

●学术职业管理的缺失

大学被喻为“计划经济体制的最后一块堡垒”，聘任制改革被外界称为“破坚冰”、“大震动”、“直逼利益核心”，也反映了改革过程之艰难和大学教师聘任制改革这一环节之重要。正如，北京大学 2003 年的改革方案一经推出，便在大学内外引起了激烈讨论，这也是每一所基于本校发展目标而进行聘任制改革尝试的高校都或多或少遇到的挑战。清华大学校长顾秉林更是坦言："如今，（聘任制）改革表面的震动越来越小了，可是思想起伏越来越大。"改革在推进，可难度比以往更大，其中最主要的一点，便是它将促进教师职业发展和在原有体制下的利益调整。除了前述的政策本身的局限外，我国大学教师聘任制改革事实上涉及了如李猛所言的中国大学特有语境下的"改革的某种内在困境"。而关键一环是涉及大学管理与学术自由之间的权衡利弊。大学聘任制度改革，在触及相关利益的同时，在如何处理与学术自由、学术发展的关系问题上，也充满着顾虑。

美国学者 Lawrence Hanley 在研究中国高等教育改革时，曾表示担心，他的理由是中国高等教育机构正在遵循美国及其他西方大学的模式而迅速"标准化"，可是，令人担忧的学术自由却不在其列。如果我们按照这样的模式推进改革，那么无疑：中国的情形提供了一种很好的个案，没有美国式的学术自由能否称得上美国高等教育模式?① 西方学者的担心实际上揭示出了一个问题：学术自由是现代大学制度的重要特征和核心价值，任何大学改革、改革的方方面面都不应离其须臾。事实上，在世界范围内的"管理主义"革命的冲击和影响下，中国大学在人事改革上虽然具体推行的改革策略、采取的改革措施以及所产生的实际效果和影响可能与西方国家的情形不尽相同，但在价值追求上仍存在着"范式上的一致性"。

除了西方学者在这种改革大潮中所担忧和批判的一些现象在中国大学或多或少都有所展现外，与此相对应的是中国大学人事制度中的一些独有的根本性问题却长期都未能得到根本解决。这就有必要对改革的原点进行追问：我们的学术职业管理究竟存在什么样的缺失？谈到大学年轻教师招聘，一定要把其放到学术职业里面来考察。大学不同于中学，大学是以学术为职业的地方；大学更不同于企业，大学有着其独特的学术性质。我们对选聘的研究，应该看到这一缺失，它首先关系到大学学术自由、教师个

---

① Lawrence Hanley. Academic Freedom after9/11, Academe, Washingtom, Nov/Dec2003, 89: 2.

人的学术生涯。

●理念的迷途

大学源自于西方。加拿大学者许美德在探究西方大学形成的根源时，把欧洲从中世纪大学一脉相承并在不同历史时期得以发展的传统学术价值观归结为两点：自治权和学术自由。

大学自治和学术自由作为一种普适性的价值观，是西方大学在长期性的历史演化中经过历史的沉积和无数学者的互动选择与抗争逐步确立下来的。大学自治是学术自由的前提条件，学术自由是大学自治的深层理念基础，两者虽存在历史的渊源却也有所区别。

罗伯特·伯达尔（Robert Berdahl）认为，学术自由是与作为个体的学者在教学和研究过程中，免受惩罚和解职威胁的能力有关；而大学自治则涉及其内部学者群体的自我管理权力的限度和活动范围。后者通常是作为大学制度化管理的一个基本原则，而前者尽管也依托于一定的制度来保障和维护，但它更多地体现为作为个体的学者在日常学术活动中所具有的特立独行的精神气质，以及自发地抵制外来侵扰、并自觉承担责任的自律意识。毋庸置疑的是两者都源自于大学的内在逻辑。正因为这一特质，大学自治和学术自由的内在规定性决定了大学应坚守“学术本位”，拒绝遵从于政治和经济的逻辑。

虽然大学自治和学术自由在不同的历史阶段和具体的社会环境中，有着不同的规范和限度，但其维护学者自由地从事学术研究，免受非学术力量的干预，从而保持学术的创造性、丰富性和多样性的基本精神，是清晰和一贯的。大学理念的延绵相承使大学经千年而不衰，具有持久且日益旺盛的生命力，并在潜移默化中培养塑造了其内部成员独立的学者人格，超越现实的理想主义精神，不墨守成规、勇于探索的独创精神，不屈从于各种权威的批判意识，具有为真理而献身的崇高精神风范。尽管随着政治论哲学的日渐高涨，学者的独立人格在某种程度上受到外界力量的威胁和打压，但学者仍然有一道义底线在支撑。

20 世纪 50 年代初，美国加利福尼亚大学陷入一场严重的争论。争论的起因是受麦卡锡主义的影响，政府要求所有雇员都签署一项反对效忠誓言。面对这种要求，著名史学家 E. K. 坎特罗威茨教授表示了强烈的反对，他呈言："有三种职业是最有资格穿长袍以表示其身份的，这就是：法官、牧师和学者。这种长袍象征着穿戴者思想的成熟和独立的判断力，并表示直接对自己的良心和上帝负责。它表明这三种相关职业在精神上的自主权：他们不应允许自己在威胁下行事并屈服于压力。为什么说假设联邦最高法院法官护卫法院、主教护卫教堂、教授护卫学校是很可笑的呢？问题的回答很简单：因为法官就是法院，牧师及其信徒共同构成教堂，教授和他们的学生组成了大学……。他们就是这些机构本身，因此，对该机构或在该机构内部，他们具有特权，而传达员、教堂司事、差役、看门人却没有这些特权。"① 这也体现了大学对于学者的地位的肯定与尊重。

另外一个案例是在 1941 年前后，国民党为强化对西南联大的控制，要求当时担任院长以上职务的教授都得加入国民党。时任法商学院院长的陈序经先生知道后淡淡一笑，对他的学生肯定地说："如果一定要我参加国民党，我就不当这个院长！"在大学理念的辉映之下学者的独立人格是要同权贵和富豪保持疏离状态的。

中国的现代大学并非自生于古代的书院传统，而是外生性的，实际上一开始就被纳入到社会的整体建制之中。由于初创时建制的不健全，加上内忧外患，从而给大学的发展提供了足够的自由发展空间，加上学贯中西的硕学鸿儒，构成了中国 20 世纪大学发展史上最辉煌的一段旅程。

蔡元培的"高深学问"而非"资格养成"之所的大学理念，梅贻琦的"大学者，大师之谓也"的精髓洞见，以及他们"思想自由、兼容并包"的办学实践，成为后来办学者可资利用的不可多得的本土文化资源。但是我们依然应该可以看到，作为西学东渐的产物，由于受到民族危亡、内乱

---

① ［美］亨利·罗索夫斯基. 美国校园文化：学生·教授·管理［M］. 谢宗仙，等，译. 济南：山东人民出版社，1996：143－144.

频频的困扰，作为学术载体的、有稳定政治经济地位和独立人格的学术职业共同体始终未能很好地建立起来。“学以致用”的经世主义学术传统使得学术自由从来没有扎根于中国文化的传统之中。

在新文化运动时期，陈独秀在痛陈中国学术不发达的现象时，将其归因于“不知学术独立之神圣”的“学者自身”：他们缺乏求真意识，对知识多功用之想，少敬畏之心。① 在我国学术职业的发展过程中，政治和经济两种外在的力量总是千方百计挤压着学者们学术自由的空间和对知识的笃诚之心。

“文革”时期，知识分子被贬为“臭老九”，又常常被批判为“精神贵族”。那时他们既没有政治地位和学术地位，也没有经济地位，即使精神上的一点自尊也受到沉重打压。本来传统就不深厚的中国大学处于风雨飘摇之中。

不仅如此，由于我们向来就没有独立的知识分子传统，大学人内外都缺乏足够的独立性去执守大学的理念和大学的精神传统，所以，实际上我们对大学理念和大学传统的培植和守护远远不够。

冯友兰先生在《三松堂》自序中说：“为什么研究学术呢？一不是为了做官，二不是为了发财，为的是追求真理，这就叫‘为学术而学术’。学生们逐渐知道，古今中外在学术界有所贡献的人们，都是这样的人们。”在政治意识形态主导和政治干预的环境中，大学的本身力量始终没有受到重视，“为学而学”不足以成为大学学术人追求卓越的内在驱动力。这样的现状值得学界警醒。

改革开放以后我国进入社会转型期，商业化的大潮汹涌而来。“服务于以经济建设为中心的社会发展的需要”使大学和大学教师都面临着又一轮新的挑战。1993 年北京大学南墙拆除改做商店曾经闹得沸沸扬扬。葛兆光先生曾这样评价该行为：其实北京大学拆墙改做商店一事本身的商业意

---

① 陈独秀. 随感录——学术独立 [J]. 新青年，1918 (5)：1.

义并不大，但它的象征意义却太大，它象征着一种精神失去了围墙的庇护，做学术的地方与做生意的地方不再有什么两样，这样，喧闹的声音和世俗的风尚从此长驱直入，人也浮躁，心也浮躁。①商业化的气息将弥漫校园。

近些年来，这样的风气仍在蔓延，“大学商业化，教授讲师商人化，智力劳动商品化，大学校园商场化”的“新四化”现象层出不穷，1999年全国高校大扩招之后，这种现象表现得越来越严重。一些大学中的学者在社会经济大潮中，对利益的追求远远超过对知识与真理的追求。经济的逻辑开始侵蚀本就薄弱的学术逻辑。

从学术的本体追求而言，学者在学术研究中所运用和生产的是一种旨在求真的“学理型知识”，不断地探究事物是什么及其缘由，他们拥有自身的概念体系与研究立场。但是，由于受到政治、经济的轮番冲击，一些学者日渐放弃原有的学术规范和立场，甚至失去了相应的人生信念与精神气质，开始学习“法理型知识”。法理型知识的主旨在于其有效性，它与权力高度地结合，在表现形式上常常以“应该是”的先验判断出现，这类知识的前提是给予一定的立场和利益、带有明确信仰而非排除价值判断后客观中立的思考。② 信仰与思考在认识旨趣上是不同的。

学术研究应有其本身的“大经大法”。当学者们再从法理型知识转向学理型知识时，遇到了意想不到的困难，产生了种种学术失范现象，下面这份报告便是一个较好的说明例证。

瑞士洛桑国际开发研究院每年发布的《洛桑报告》表明：在 1998 年至 2001 年期间，中国大陆的国际科技竞争力出现连年下降的趋势，2000年在整个世界科技论文产出出现负增长的情况下，我们却比上年增加了11.1%，但是，专利数量却远远落后于世界发达国家。在我们还没有完成大学基本精神的培植与张扬，学者还缺乏“为学问而学问”的学者独立知

---

① 葛兆光．学术的薪火相传［J］．读书，1997（8）：10－21.

② 刘云杉．学校生活社会学［M］．南京：南京师范大学出版社，2000.

识品行时，学术自由便只能停留在观念层面。如果无法恰当地在制度上为学者营造学术探索空间，通过外在主导力量意图繁荣学术绝非解决问题的根本所在。

实际上这也是我们在推行和改革大学教师聘任制时值得反思的一个问题：制度约束行为，思想规范制度。我们要意识到并慎重地思量制度背后学术理念和学术传统的欠缺，并考虑在制度设计上尽可能地慢慢培植与呵护，而不只停留在形式上的变革。制度约束的是人的行为和行为方式，但它并不应该强求所有人的思量一致，更不应该限制体制中人对制度本身进行必要的理性反省和道德批判。否则，制度本身也将因失去必要的精神张力和新生思想资源的有效供给而自我消解。这是值得学术界注意的问题。

●学术权力的渐弱

聘任制既涉及学校中的人员，也涉及到组织中特定岗位的中心任务。因此对于聘任制的制度运行来说，其过程是大学运行中人员与学术的结合，它所呈现出的基本权力结构是学术审议权和行政管理权的结合。

在美国等西方大学中，教师在很大程度上形成了自我管理的自治群体，在聘用、晋升、授予终身职、解聘等过程中形成了行政管理权力与学术权力的相互倚重和制衡机制。而在我国，正如潘懋元先生一针见血地指出来的："现行大学管理体制最大的弊端是行政权力与学术权力失衡。"这成为包括聘任制改革在内的我国高校管理体制改革面对的一个痼疾。

在中国大学组织中，由于历史和体制的原因，"行政权力主导"的高校管理理念根深蒂固。在我国近代高等教育发展史中，从来没有过欧洲那样的学生权力主导或教师权力主导的办学模式，大学从一开始就是在行政权力的主导下建立起来的。

1898 年创办的京师大学堂，不仅是学术机构，而且是行政机构，学堂的一切事务靠行政人员管理。蔡元培先生任北京大学校长期间，进行的改革在一定程度上贯彻了他的学术自由、教授治校的思想，使学术权力在大学生根和展现，但由于随后国民政府对大学控制的加强以及中国学术自治根基的薄弱，行政权力一直在大学中处于主导地位。

新中国成立以后，在长期的计划经济体制中，大学完全依附于政府部门，由于政府的全面干预和控制，大学一直是作为国家行政机构的附属机构而存在，大学内部组织结构实际上是政府主管部门组织结构的向下延伸。这种体制强化了大学的行政权力和行政系统，学术权力为行政权力所替代，学术权力行政化。中国大学的行政权力是一种政治权力科层化的结果，党政人员被认为是高等学校的唯一管理者，他们代表党和政府对高等学校实施全权管理；教学和科研人员是被管理者，一切工作和活动须听从高校行政系统及专职行政管理人员的指挥和安排。①

这种管理理念造成的消极后果是非常明显的：教学、科研人员成了执行行政权力意志的工具，丧失了独立自主发展的可能性；教师、科研人员行为的价值并不是取决于教育价值、学术价值、社会价值，而是取决于对行政权力的顺应程度。尽管行政人员中不乏学术精英，特别是主要领导和一些纯教学科研部门的负责人，往往都是学科带头人，但由于整个高校体制行政化，这些人员也渐渐行政化、官员化起来，他们一般不是作为学科带头人而是作为官员在发号施令。

在当今中国的某些大学，踏踏实实的教学和严肃的学术研究演变成了官场上的逢迎和钻营，学术失范的现象时有发生。而当行政权力无法把握教学、科研的实质价值时，又不得不依靠行政权力意志来制订一些形式化的指标代替真正的学术性指标，导致教师、科研人员为应付这些指标疲于奔命，事实上无法进行扎实的教学和科学研究工作。这样的学校氛围对于年轻教师的选聘以及聘后的培养都产生了巨大的负面影响。

学术权力的主体——学术组织的作用有限。学术委员会是中国高等学校主要的学术机构。目前多数大学的职称评审采用的是院系学术委员会（学科评议组）、校学术委员会分会、学校学术委员会三级学术机构审查

① 董云川. 论行政权力的泛化 [J]. 高等教育研究，2000 (2).

制。但是，我国的学术委员会在性质上并不同于美国教授会那样的教师集体行使权力的教师利益代表组织。

1978 年《全国重点高等学校暂行工作条例（试行草案）》规定："高等学校设立学术委员会，在校长或副校长领导和主持下，对学校教育事业发展规划、科学研究工作和研究生培养工作中的重大问题提出建议，审查、鉴定科学研究成果，评议研究生的毕业论文、毕业设计，参与提升教授、副教授工作的审议，主持校内学术讨论会，组织参加国内和学术交流活动等。"① 而《高等教育法》中并没有对学术委员会的构成做出明确的规定。由此可知，学术委员会并不是学术同行自己组成的学术社团，而是为学校行政管理服务的一个咨询和评审机构，是学校行政权力在学术领域的延伸。

学术委员会的权力是一种机构化、正规化的权力，它的基本组织原则和科层组织的原则是一致的。学术权力通过这种正规的机构来行使，是学术权力科层化的标志。由此可以看出，学术委员会只能是在行政权力之下执行有限的学术权力。尽管学术委员会也履行学术审议的职能，但这种审议权的独立性、代表性却相当有限。

在很大程度上，学术委员会的审议权可以通过委员会的选任过程进行操纵，从而失去它的权威性和公正性。更严重的是，我们迄今尚未看到完整的、有约束力的、可操作的学术委员会构成和运行规则，这种现象为行政权力操纵学术委员会提供了许多的机会。潘懋元先生曾经指出："大学教师的职称评审工作，评审条例和评审权力都是由行政部门确定的，评审委员会上面还有由党委书记、校长、人事处长等人组成的评审领导小组。学术委员会通过的事情，行政部门不一定批准。而有的人在学术委员会通不过，却可以经过行政特批。"②

总体而言，目前在大多数高校中，即使是教授都还缺乏独立的利益欲

① 顾明远. 教育大辞典［J］. 上海：上海教育出版社，1991：94.

② 潘懋元. 大方向与可行性［J］. 新华文摘，2003（9）.

求和自由表达的权利，学者及学术组织参与决策的途径和方式仍然有限，学者及学术组织的权利得不到充分体现，影响了他们的积极性和创造性。对于年轻教师来说，这种独立的利益欲求和表达自由的空间也就更微乎其微了，可以说，他们的处境更加尴尬。

●学术评审机制的畸形发展

学术评审是聘任制中的一个关键环节，它决定着淘劣择优的尺度。从外在形式来看，它是由一系列具体的文件如条例、规则和实施办法组成，其内容则是由学术标准、价值、方向和期望所组成。学术评审是否客观、公正、科学、合理，对学术研究的发展有着直接的引导和定向作用，同时由于其结果直接与无形的学术声誉和有形的个人收入紧密相联，又深刻影响着每一位置身其中的教师的选择取向，进而决定着一所大学的教师的整体学术水平。

丁学良教授在谈及世界一流大学的经验时，认为几乎每一所能够称之为世界一流的大学都形成了规范的、制度化的、相对独立的、能维护学术标准的一致性、并尽可能保证结果公正的学术评审机制。而我国近几年来由于学术评审机制的不完善、不健全加上操作中的一些不当行为已招致各种批评。

潘懋元先生根据自己的经验坦言：“改革开放后，我作了 20 年评审教授、副教授的工作。开始条条框框不多，凭借整体判断，结果也比较符合实际。那时还可以不拘一格选拔人才。后来，条条框框越来越多，只能拿死条条来判断，只要符合要求，如文章篇数等凑够了，庸才也能上去。但是拔尖人才却可能因为缺某一项，反而上不去。职称评审评了 20 年，我越评越没有信心。如何评职称，标准、条件是最重要的，而这一点宜粗不宜细。”① 潘教授的话事实上揭示了我国学术评审机制中一个核心的问题，即学术标准的缺失。学术标准的形成是学术共同体长期互动的自然结果，这些标准成为学者的共识，并内化为他们追求的目标和行为的准则。它只

---

① 潘懋元. 大方向与可行性 [J]. 新华文摘，2003 (9).

能依据知识的内在标准而非其他，它无法形诸文字，它需要高水平的学者本身的鉴评力。由于长期以来中国学术界对于学术标准的维持缺乏稳定、持续的制度环境，致使人们容易产生对于学术准则的犬儒主义，以及黑箱作业、人为操纵等弊端。特别是当学术评审机制过于注重表面的形式而忽略实际的标准和对师资质量的追求时，“人缘”、“口碑”常常替代了“学术水平”成为尺度，甚至与评委们搞好“关系”成了一些人投机的重点。于是，教师们专注于学术之外的因素而离学术越来越远，造成了对学术价值的背离。

这种异化的学术评审机制造成了高校中的“庸才沉淀”现象①，即在一个单位内，优秀人才留不住，而平庸之辈却大量留下来。有这样一个典型的例子就说明了这个问题，北京大学艺术学系朱青生教授为挽留要出走北京大学的陈嘉映曾给校长写过一封感人至深的信。陈嘉映是北京大学哲学系的副教授，作为研究西方当代哲学的著名学者，是所在学术领域海内外公认的权威，但是在旧的那套学术评审和职务晋升制度下，却多年不能晋升正教授，最终出走北京大学，受聘于南方一所大学。“……陈嘉映老师之离去，对校长是个警示。人之离去实际上是对学校管理的公诉，陈嘉映多年不能晋升正教授，不能指导博士，据说他不符合学校的某些关于职务晋升的规章。我是赞同学校的规章的，但规章只是针对等闲教师如我等。陈嘉映这样的人，他的觉悟和潜质使得任何规章对他都是多余。只要他是陈嘉映，就应该是教授，就应该是博导。”② 学术标准是高水平的学者建立起来的。一流的学者才能慧眼识别和评判一流的学术研究和学术成果。因此，谁来担任评委就显得至关重要。那么在年轻教师选聘的工作当中，谁来做评委？谁才能判断该领域发展的前沿问题？谁有慧眼识才的能力？谁能够真正地为学术界选拔可造之才？必须是该领域有学术水准的高水平的学者队伍组成的评审团，而且应该减少大学“行政”那条线上的评

---

① 厉以宁教授将学术评审机制异化的现象命名为“庸才沉淀”现象。

② 李宗陶．北京大学教师人事制度改革：利益和理性之争［J］．华夏文摘，2003－7－24．

审人员，因为对于专业上的判断，他们可能是门外汉。应该多听取专家学者，尤其是有学术良心和学术道德的高水平学者的意见。

对于优秀学者的评审，人们常引用威尔逊教授的例子来说明优秀学者评审眼光的重要性。1982 年国际诺贝尔物理学奖获得者、美国康奈尔大学的威尔逊教授由于选择难度很大的研究课题连续四年未发表一篇引人注目的文章而面临被校方解聘的危险。而 1967 年诺贝尔奖获得者、著名物理学家贝蒂教授在绝大多数人都同意校方解聘威尔逊时，坚持肯定威尔逊的学术水平，认为他选的研究课题难度很大，需要时间钻研，而该课题一旦突破，就是震惊世界的成果。在贝蒂的坚持下，校方同意将威尔逊留任。事实证明，贝蒂的眼光是正确的，第二年，威尔逊的研究就取得了突破性进展，发表了后来获诺贝尔奖的优秀论文。

在我国大学中，一方面在院系一级我们缺乏像美国等西方大学那样由全体教师以类似行会性质的方式，在学术人事决策中集体行使权力的理念和传统，同时我们又缺乏真正具有重大影响力的学术权威；而另一方面，某些学者的个人控制权扩张的程度是相当深的，而且大大冲击了学术民主管理机制的制度化渠道，学霸现象普遍存在高校里面，学术权力被某些利益集团控制，对于民主管理只是一纸文件，经常被束之高阁。在整个学术评审决策中学者个人的控制权在缺乏制度性疏导的情况下，表现得更加明显。与此相联系，教授支持任用自己的学生，系主任重点提携扶持本专业的教师晋升职称等现象屡见不鲜，导致某些学术组织内学术方向的畸形发展，最终影响到学术质量和整体学术水平的提高。

由此引出的另一个问题是：一所高校，如果学术委员会的委员其自身学术水平不高，他怎可能评价一流水平的教师？如果学者参加临时组成的评委会，评审结束后对自己的评审结果不必承担任何责任并且对自己的学术声誉毫无影响，他怎可能慎重而客观地评价他人？制度的疏漏造成评审结果的偏差，这在中国大学中表现得尤为严重。正是由于对学术标准缺乏必要的认同，导致中国学术评审机制中对量化指标的迷信。

在高校现行体制下，很多高校大多是根据发表论著多少、论文所载期刊的等级以及科研经费获取的数额和级别来评判和衡量教师的学术水平，并为此做出了硬性的指标规定。数据能说明部分问题，但是绝对不能完全说明问题，要明白不同的个体背景，其掌握的社会资源、人脉关系也有可能造就“虚高”的数量，对其质量的关注，才应该进一步地加深。

当然，这些规定不能说没有一定的合理性，一方面它强化了学术职业出成果的那种“射门”意识，同时，使职称评审有一个相对比较客观和明确的标准，易于实际操作，可以回避某些争议。但同时，这也带来了某些负面效应，导致了某些人为职务晋升而在学术论著上片面追求数量的倾向，也导致了年轻学者浮躁、学术不踏实的现状，将大量时间花在经营“人脉”关系上——在没有资历的时候“奉承”有资历的前辈，希望靠前辈的名气或者人脉发表若干文章等——而缺乏潜心于学术的心境。正如爱因斯坦所说，这种逼迫人快出成果的压力，往往最后导致人只是拿出一块薄木板来，在上面钻上许多洞。真正做学问的人都明白这样一点，学术研究需要有学习、积累、思考的充裕时间，需要有新意念形成的必要过程，需要有新观点产生的一定周期，需要有检验新思想的若干阶段，更需要有产生灵感的合适时机，需要板凳甘坐十年冷的执着。可是，现实的压力往往使得真正渴望做研究的人，被现实所累，只能叹息与无奈。

众所周知，学术人员所拥有的资源是知识、信息、创意和思想，学术管理的有效性则意味着，如何将这些资源转换成高质量、高创造性的研究成果，而精神产品的质量和绩效是无法简单用数字来界定或衡量的。如果单纯以量化标准论产出，“这种模式对于常规的简单工作能发挥最佳作用。对一家快餐店而言，直接的监督可能是一种非常恰当的控制策略，但对于工作更为复杂的学校来说，就不是这样了。”① 这种量化的管理方式构成了对教师较大的心理压力乃至生存压力，而实际上限制的却是真正富有创造

---

① ［美］托马斯·J. 萨乔万尼. 道德领导：抵及学校改善的核心［M］. 上海：上海教育出版社，2002：109.

性的研究者，因为创造力和想象力是宽松自由的产物，而不是紧张压力的产物。显然，这种存在缺陷的评审标准确立了急功近利的学术价值观，制造了心浮气躁的情绪氛围，设置了抑制创造潜力激发的障碍，构建了难以用原创性脑力劳动来应对的生存环境，使得科学工作者难以真正有高远的学术目标，难以沉潜下去作长期努力。相反地，往往不可避免会把某些人带上追求“捷径”的投机道路，以致在学术工作中浮而不实、粗制滥造，甚至发生某些不轨行为。我国很多大学在年轻教师招聘时，总是用年轻教师发表文章的级别、数量等作为招募人才的第一关，这样量化的东西，也使得很多年轻学者备感压力。学术浮躁、学术造假现象的产生既有内因也有外因，很多年轻学者刚走出校园，在经济、社会地位上都处于劣势，想要在重量级的刊物发表文章难度可想而知，故心思都很难放在真正的学问上，总是考虑未来就业的压力，想方设法发表论文，不惜花重金“苦心经营”以获得一篇核心期刊的发表席位。

然而，看一看老一辈学者的观点，我国民俗学之父钟敬文先生 99 岁时听报道说某学者曾发表了 100 多篇论文，他说：哎呀天哪！我从十一二岁起就乱写文章，到现在，你问我有几篇文章可以算作论文，我看不到 5 篇，可能就 3 篇吧。由此可知在老一辈学者心目中，论文不是好写的，也不是任何涂鸦之作都可称为论文的，必须确有研究、有新意和创见且合乎学术规范者才能被称为论文。

近年来学术研究工作中的学术风气不正、学术道德失范、学术腐败已引起了人们的高度重视，这在一定程度上和重数量轻质量、重刊物等级轻论文档次、重表面文章轻深度思考、重立竿见影轻长远功效的学术评审机制不无关系。也许下面一段话能够说明这一问题：“从某种意义上来说，把一名教授终身工作的质量还原为一个简单的数字是完全没有道理的。事实上，要对一种思想、一种理论或研究发现的质量加以量化看来是不可能的。”①

---

① ［美］托马斯·J. 萨乔万尼. 道德领导：抵及学校改善的核心［M］. 上海：上海教育出版社，2002：109.

在大学年轻教师的招聘工作中，单纯简单地依据发表文章数量或者科研项目的数字来衡量一位应聘者的学术水平或者科研潜力，这样唯数字的做法，对于人才的选定也是有失片面的，还容易造成学术浮躁的氛围的形成，严重的还可能滋生学术造假的不当行为，对于年轻学者的成长是不利的。

●学术职业管理权责上的失衡

因为高深学问需要超出一般的、复杂的甚至是神秘的知识，自然只有学者能够深刻地理解它的复杂性，因而唯有学者比其他人更清楚地知道谁有资格成为教授，谁可以成为大学教师。

大学组织结构底部沉重的特点使之在实施教师聘任制时院系的作用格外突出。在我国构成大学内部组织结构的四个子系统（即具有科层化特征的教育行政子系统——行政机关，承担教学、科研等学术任务的教学研究子系统——院系，为保证大学正常运转的后勤服务子系统以及校园产业子系统）中，唯有院系直接发挥了大学组织系统的功能，处于大学组织结构中的“主体性”地位。

然而，在我国高校传统的高度集权的管理体制中，大学的决策和管理权限往往集中在学校层面，院系在大学组织结构中只是一个“生产”或“执行”单位，在办学过程中处于被动状态，在人事制度上缺乏对教师的聘任权，因此，院系的办学活力得不到应有的激发。① 首先，作为师资力量配置的基层单位，院系尚缺乏足够的教师聘任权。在美国的研究型大学中，学系虽然处于学术权力的最底层，但正是系启动着聘任和晋升的整个过程，高一级的权威机构可以批准或者反对，但是，在几乎所有的情况下，选择的范围都取决于代表某一学科的系。② 比如在教授的聘任上，系

① ［美］乔治·理茨尔．社会的麦当劳化——对变化中的当代社会生活特征的研究［M］．上海：上海译文出版社，1999：110．

② ［美］亨利·罗索夫斯基．美国校园文化：学生·教授·管理［M］．谢宗仙，等，译．济南：山东人民出版社，1996：184．

或院要组织招聘委员会，由招聘委员会根据本系或院的具体情况拟定招聘条件，会见候选人，组织候选人与本系教授见面等。

在教师聘任的问题上，经常出现这样的情形：院系准备录用或录用了一位教师，却不能基于岗位和任务来给他确定工资，因为学校唯一的学术审议仅限于一年一度的教师职称评审，况且，一年一度的教师职称评审也需要统一部署安排才能进行。①

每年教师聘任时各院系向学校争名额，在晋升提级中“走关系”的现象屡屡发生。因此，经常出现一方面大声呼唤给院系放权，另一方面又有教师激烈批评说，“不能让院系学术委员会自己审查”的矛盾状态。一个好的成长氛围对于年轻大学教师是至关重要的，尤其是一个公正、向上的职务晋升制度与氛围。

关于大学教师聘任权力，笔者访谈的一位多年从事高校人事工作的处长说：“这几年我们逐渐把一些人事权力下放到院系，但随着院系的自我膨胀却出现了一些无序的状态。有些人虚报或夸大学术成果，有的院系不仅不加核实，甚至同个人一起对付学校，欺骗学校。一些人按条件达不到晋升的要求，但院系常常有各种理由来解释说情。学校也难以约束。”他还说：“学校将人事聘任考察权下放到院系，他们的权力往往过于强大，造成人事处无法控制的局面，往往只能尊重院系的决定。”

可以说，在权力的上提与下放之间，我们还需要进行探讨，如何衡量这个度的问题，权力的主体都就权力的归属问题进行辩论，真正合适的权力位置在哪里？这是值得学界继续探讨的问题。

---

① 宣勇．大学内部管理体制改革的价值取向［J］．浙江社会科学，2001（5）．

# 第四章　大学年轻教师选聘的经验借鉴

上一章对于大学年轻教师的选聘进行了理论相关的分析与追溯，本章将对国际上的经验进行分析，并针对我国相关的问题重点进行借鉴与探讨。笔者选择了大学教师选聘制度较为先进并且发展飞速的美国高校、位于欧洲文化氛围浓厚的英国高校以及亚洲的高等教育强国日本作为经验借鉴的对象分别进行了相关研究。

## 4.1　美国大学教师选聘经验借鉴

美国拥有世界上最大的高等教育体系，其200多所研究型大学，特别是以“长春藤盟校”为代表的世界一流大学，奠定了美国作为世界科学与学术中心的地位。美国的数千所高等院校并不是整齐划一的机构，既有一批处于大学体系顶端的研究型大学，也有若干形形色色的文理学院和社区学院。不同层次、类型的学校之间在资金实力、校园设施、学生期望及学校名望等方面的差距很大，各个院校的办学目标也不尽相同，但是，加强师资队伍建设是其共同的诉求。

众所周知，美国是个竞争的社会，高等教育领域也不例外。为了提高竞争力，提高教学质量与学术水平，学校与学校之间已经形成了一种包括师资、学费、科研、就业等的全方位竞争机制。无论是著名大学，还是社区学院，要想提高教学质量与科研水平，其基本条件都是要拥有一支高水平的教师队伍，因此师资的遴选和聘任也就成了一个焦点问题。美国大学，特别是一些综合性的研究型大学，普遍认为一流教师是大学卓越的关键。所以招聘与保有学术成就一流的带头人和创新人才（leaders and innovators）是大学的优先任务之一，是人力资源管理的核心目标与任务。“按需设岗”是人才资源合理配置的基础。我们通常所说的编制在美国大学就是指岗位。岗位设置实际上涉及学校有限资源的优化配置，涉及学校的事业发展战略，包括学科发展布局等。美国大学的岗位管理关键在于强化“用人成本”和“经费预算”概念。① 集中有限资源发展具有相对优势的专业或院系，而不是面面俱到、贪大求全，这是美国名牌大学办学的一个基本方针。大学人力资源的配置也紧紧围绕着这个基本方针，借助名副其实的聘任制和合同制，通过竞争方式来保证教师的选聘质量和业务素质。

●教师招聘的理念

教师招聘（Faculty Recruitment）是大学人力资源管理的一项重要职能。美国大学的人力资源管理，所花心思和精力最多的莫过于教师招聘，可谓不遗余力、不厌其烦。招聘被描述为：通过一整套的活动与程序，在适当的时间，为适当的岗位，合法地获得适当的人才。招聘是聘任双方基于各自的短期和长期利益的考虑而作出的双向选择。美国大学普遍认为，招聘工作对大学组织绩效的影响最为关键，招聘与保有高水平人才（high - quality talents）是大学必须优先考虑的重要事务。

美国大学教师招聘的基本理念有两点，一是“优秀”（excellent），二是“多元”（diverse）。大学的层次、类型不一，各个大学对“优秀”的理解也不一样，但有一点可以肯定，即它们都在努力找最适合的人才。这个“最适合的人才”一定要能够对现有的学术共同体有新的贡献，带来新的价值，有助于学科发展使命和目标的实现。按照成文或不成文规定，美国大学凡招聘终身轨②或终身职教师，必须在全国范围内公开招聘，甚至在

① Roger G. Baldwin. Tenure on Trial：Case Studies of Change in Faculty Employment Policies（review），Dec 2003，Vol. 27 Issue 2.

② 终身轨（Tenure track）是指进入终身教职前的试用考察期的身份，即处在通往终身教职的轨道上，教师取得终身轨身份，才有争取终身教职身份的资格。Tenuretrack 亦可译为“预备终身教职”。

世界范围内招聘。全国性招聘的费用必定高于地方性的招聘，但这样做的目的是能够产生足够多的符合资格要求的候选人，以便好中取好，优中选优。对于一些世界一流的研究型大学来说，既然他们的学生来自世界各地，那么其教师来自世界各地也就是顺理成章的事情。建设“多元化”的教师队伍是美国大学十分强调的指导思想，“多元”的意思是指兼容不同的性别、不同的种族、不同的信仰、不同的年龄等。多元化理念，一方面表达了美国人崇尚的“公平”（fair）观念，大学在招聘教师过程中十分注意避免涉入相关的法律问题，如种族歧视、违反平等权利法规等。每个大学的人事网页上有大量的篇幅声明反歧视、尊重平等权利方面的内容，学校用人必须遵循“美国平等权利与反歧视法案”（Equal Opportunity/ Affirmative Act）。另一方面，多元化的意思就是要求扩大视野，在更广泛的范围中遴选优秀人才，这与我们“唯才是举”、“不拘一格”的提法没有太大的差别。麻省理工学院（MIT）教师遴选委员会“政策指南”开宗明义指出：“各系教师及遴选委员会要发现并说服世界一流学者成为MIT学术共同体的一员。每一项遴选的目标就是要在全球招聘头等的教师，并向应聘候选人展示MIT是一个成功的、有吸引力的、有热情的学术共同体。”①这就是MIT人才招聘的理念，也是MIT的宣言，字里行间透着一股豪气和自信，也体现出MIT求才若渴的态度。

下面的说法同样表达了一些美国大学的教师招聘理念与策略：

——一个空缺的岗位，表示大学获得了一个从眼前和长远出发，重新思考岗位与所需人才类型的机会。你应该精心思考如何去吸引与遴选人才，使这个岗位体现对大学使命与战略的支持。

——在你还没有仔细分析学科需求，并制订最新的岗位说明之前，你最好还是推迟你的岗位招聘。

——思考一下体育教练是如何物色体育人才的。教练是走出去搜寻他

① Resources for staff, MIT Inventing Our Future. www. mit. edu. 2010 -2 -4.

们所需的人才的，决不会在报纸上发布一个广告后，回来在那里坐等。

——既要强调招聘的结果，也要强调招聘的过程。招聘的过程应当是正面的而不是负面的，积极主动的而不是消极被动的，有灵活性和创造性而不是机械地照章办事。

——处在一个不断发展变化的世界的前沿，对所有人才敞开机会的大门十分关键。人才不是以种族、宗教、肤色或性别、年龄、国籍来定义的。要识别与招募最有才能的教师和职员。

正是在这样的理念指引下，美国拥有着来自世界各地的、各个领域的优秀人才，支撑起了其高等教育的健康发展。

●教师招聘岗位的确定 .

美国大学的教师规模控制比较严格，教师招聘计划性很强，整个招聘的时间周期也长。对于教师的规模和年度招聘岗位，美国大学考虑的主要因素是：学校的使命、财政预算、学科发展重点、学校长期规划、学科领域发展目标、生师比及教师的流动率等。美国大学将人力资源配置与财务预算紧密结合在一起。增人首先得有经费，这个经费包括工资、福利，还要包括启动经费等支出。因此，美国大学的人事政策都非常明确地规定，各院系进行教师招聘之前必须事先得到批准，即需要报批教师职位计划（faculty position planning）。如果是由外部研究项目经费支持的（grant funded）岗位招聘计划，一般就不需要上报学校层面，由院系自己决定，人力资源部门办理有关程序即可。一般来说，因教师调离或退休的空岗补员相对容易获批。若是因教学科研需要新增岗位就很严格。许多学校每年都制订教师招聘计划，这个计划是由教务长（provost）基于各学院的教师需求和全校的发展重点做出的。学校每年对新增多少教师岗位事先有个总体计划。有些学校在做这个计划时，还可能交由学校的行政委员会或学校资源委员会去审议。各学院上报具体岗位需求时，教务长就是根据这个总体计划与院长进行磋商后，批准或者否定某项申请。大多数情况下，新岗位审批结合在各系的年度预算审批过程中进行。招聘岗位的确定过程在美国大学多称为“岗位需求评估”（needs assessment）。各个学校的具体流程可能略有不同，这里综合一些学校的做法，概述岗位需求评估的过程，即：

（1）系主任向学院副院长或院长提出岗位需求申请；

（2）学院副院长或院长批准同意，递交学校人力资源办公室审核；

（3）人力资源办公室审核后签署意见，再报学校预算分析办公室进行经费核实，预算分析办公室主要核实该单位有无经费；

（4）人力资源办公室将审核意见返回学院院长，学院院长报教务长审批；

（5）教务长同意后批转人力资源办公室。对于院系岗位经费不足的情况，如果教务长批准增加补充经费，预算办公室要就新岗位所需经费的可能来源提出建议意见，报教务长批准。

（6）人力资源办公室将学校同意批件抄送系主任；

（7）申请的系进入招聘程序。

实际上，美国大学招聘教师要走两套审批程序①，第一套程序即是岗位需求评估过程，具体是从学系向学院提出岗位需求，到学校批准招聘岗位，确定工资等级范围，落实岗位人员经费来源。第二套程序是获准招聘之后，刊登招聘广告，面试，确定最后的候选人，直至招聘文书的归档。

●教师招聘遴选的过程

招聘一名新教师既是例行程序，又有各个不同学校、不同院系的特殊性。总的看来，教师招聘的程序机制是基本相同的，这就是：制订岗位说明→刊登招聘广告→审核应聘材料→面试候选人→征询推荐人意见→发出录用通知及最终聘用。

美国大学特别是研究型大学对于正式教师的招聘，都要求在全国范围、甚至全球范围发布信息，为的是尽可能扩充由所有应聘者构成的

---

① American Association of State Collegesand Universities. Facing Change: Building the Faculty of the Future. Washington, DC., 1999.

"Applicant Pool"，即我们常说的"人才库"。美国大学认为，只有这个人才库足够大，岗位招聘才真正富有竞争性，才能提高招揽真正优秀人才的可能性。他们认为，为使应聘者到校园面试访问有好的效果，认真做好计划工作是必需的。应该仔细为候选人设计来校面试访问的方案，旨在使他们对学校感兴趣，并且便于对候选人进行仔细的评估。经学校最终批准聘用，学校会给候选人发去录用通知（offer）。有时候候选人同时应聘几个学校或单位，其中优秀者也可能差不多同时接到几所大学的录用通知，因此，学校发出的录用通知上，除写明聘期、待遇和工作条件外，还要注明回馈的截止时间。教师遴选与聘任的一般步骤是：①准备好岗位说明；②制订好招聘计划；③在媒体上发布招聘广告，建立一个多元化的应聘人才库；④按照聘用标准评价申请材料；⑤在面试候选人之前拟好面试提纲；⑥给参加校园面试的候选人打分；⑦与最后一轮候选人的推荐人联系，核实并记录对方的答复意见；⑧确定最终人选后结束招聘活动；⑨撰写招聘报告，招聘文书归档。

下面以华盛顿大学①的招聘程序为例，简要说明其校园面试环节后的各项活动。首先，遴选委员会征求对候选人的评价意见，汇总参与校园面试的专家的书面评价意见，并将评价意见存入候选人卷宗，以备最后遴选时使用。根据学校的要求，记录招聘过程和候选人排名，包括在网上填写教师应聘流程表。在遴选新教师的逐级报批过程中，系主任要向院长递送对候选人的推荐意见。对于长聘期岗位的教师招聘，院长还要向学校教务长递送推荐意见。系主任的推荐信一般包括如下内容：①学系教师投票结果和系主任的独立推荐意见。对于助理教授及以上职位的聘任，还需"学院教师委员会"或"晋升与终身职评审委员会"的投票或推荐意见。②要说明拟聘教师的职衔、工资与每年服务期（9 个月或 12 个月），全职还是兼职，兼职的时间比例是多少，聘任生效日期。对于长聘期教师或助理教

---

① http：//www. washington. edu/，2010 -1 -22.

授的聘任，还要说明对其晋升考核的时间安排。③系主任在推荐意见中要写明拟录用的候选人是经过遴选产生的，此人是所有候选人中的最佳人选。④要反映候选人的基本信息，包括何时何地获何学位、候选人工作经历概述、素质与专门知识技能。⑤要对候选人的教学、研究及服务情况作出评价。⑥要说明此项聘任将给学系带来的好处。⑦如果是由两个系联合聘任的教师岗位，则还需说明哪个学系是受聘教师主要所在学系，该教师在另一个学系有无投票权，人员经费开支如何分担，终身职（或终身轨）在哪个系进行评定。最后，学校批准录用后将发出录用通知并要求答复，一旦最终候选人接受了录用通知（offer），则要尽快逐个通知或发送电子邮件给其他所有未录用的候选人。

经过长期的实践，美国大学已经形成了一套严格、规范的教师招聘程序。对空缺的职位，经过公开招聘，同行评议，面试谈话，系和学院两级教授会议对应聘者进行讨论、评议和投票，报教务长或主管校长审批同意后签订聘任合同。招聘教师特别是高级职别的教师是一个非常复杂的过程，大多数情况下，整个过程往往需要半年、一年甚至更长时间；有时因找不到最合适的人选，不惜重新组织一轮招聘活动，以确保聘用质量。各大学做法不尽相同，大体上看，招聘正式教师（或者是由学校预算开支的其他教师）的基础工作在院系，但决定权还是在学校。

美国各大学的招聘与雇用政策程序包含两个主要部分，一是实施全国性的招聘，二是完成一项首期聘任。除了学校统一的政策规定外，各学院、学系通常还会制订适合自身学科特点的遴选标准与程序，但实际上，各学院、学系教师招聘的程序机制大体是相同的，体现出规范、严谨和成熟性，同时又不乏灵活性。正是这样的招聘制度为美国大学在全世界广揽高层次人才、保持其科技和高等教育的世界领先地位提供了保障。

●招聘遴选委员会及其作用

美国大学通常对招聘过程中各级主管的责任都有规定。例如，教务长或分管学术人事工作的副教务长负责制定学术人员招聘的政策和程序，包括召开院长会议研究政策的制定与执行；学院院长要确保平等雇佣机会，根据学校的有关教师招聘政策，评估与批准遴选计划、招聘中期报告和招聘最终报告；系主任也要确保平等雇佣机会，与遴选委员会主席沟通信息与招聘指导方针，等等。这里要着重提及教师遴选委员会（The Search Committee）①。

美国大学的遴选委员会一般建立在学系层面，也有的是在学院层面设立；可以是为某一项招聘活动而临时组建的，也可以是常设的委员会。委员会对系主任负责，就教师招聘向系主任提出咨询意见。学校普遍规定遴选委员会成员要有代表性，能体现多样性，能表达不同的观点，有不同的专门知识与技能。学院院长在招聘活动开始时就要向委员会全体成员强调委员会咨询意见的重要性，并要求委员会成员遵守保密规定。

对大多数遴选委员会来说，最大的任务就是制订招聘工作计划和遴选规则。学院的人力资源管理专家协助委员会处理招聘程序方面的工作。遴选委员会要与有关的教师和职员核实待聘岗位的必要性，拟定招聘目标，制订清晰的岗位说明，其中要有最低的资格条件和工作经历要求。要制订一整套遴选候选人的评价标准与程序；专业条件和特殊的资格要求要与学系和学院的意见一致。委员会成员对于如何衡量教学与研究等不同方面的能力素质，要取得一致的意见。在刊登招聘广告前，广告用语的使用应得到学校人力资源办公室和院长的批准。除了要在学系、学院、学校的网站上发布外，还要确定广告将刊登在什么样的专业刊物、网站和专业组织的网络上。

遴选规则还要包括以下内容：进入最后校园面试的候选人人数，候选人来校面试前的程序与所需文档材料，校园面试计划，参与面试人员如何确定，教师最终投票的规则和方式；制订招聘档案的管理制度，包括应聘材料、聘任材料、与候选人的来往信函、委员会的记录等。多数情况下，

---

① AAUP. Contingent Appointments and the Academic Profession. Academe, Sep/Oct 2003, Vol. 89 Issue 5.

遴选委员会的角色任务是协调校园面试的全过程，直到将最后的聘任推荐报告递交系主任或院长。遴选委员会主席的职责主要是与系主任或院长就招聘的进展情况进行沟通。值得注意的是，有些大学还规定了遴选委员会成员事先要经过培训，以更好地理解并掌握学校人事政策，确保招聘质量；或者把担任遴选委员会成员作为教师必须履行的一项服务责任，发给参加委员会工作的教师以相应的聘请证书。

●对我国大学教师选聘的启示

美国许多大学对新招聘的终身教职或终身轨①的正式教师制定有专门的启动支持政策，称之为“Start － up Package”或者“Faculty Recruitment Packages”，意思是解决新教师一揽子的待遇，包括安家费、住房补贴、购置计算机和科研启动经费等。新教师的启动支持政策是美国大学吸引优秀人才的一项重要措施。在研究型大学，一位助理教授的启动费通常在30万至50万美元，而资深教师的启动总经费往往超过100万美元。对于这样大额的经费投入，大学自然很在乎招聘的质量以保证新聘教师日后的绩效。有的学系虽有空缺岗位，在没有筹集到足够的经费之前是不会对外招人的，因为若无足够的启动经费，一般来说也就找不到合适的人选。因此，教师招聘环节虽小，却是大学人力资源管理中最为关键的，而启动经费的多寡则可视为先决条件。

为了确保世界一流大学的地位，美国许多大学实施了诸如“学术振兴计划”（Plan for Academic Enrichment，PAE）一类的措施。这些计划的要点包括明确学校发展方向、目标和优先发展重点，加强教师队伍建设，新增体现学科交叉的项目计划，加大对研究生的经济支持，加强医学院建设，增加科研经费投入，改善校园设施等。其中教师队伍建设往往是这类计划的核心和亮点，尤其是重点建设学科领域的队伍建设。例如著名的布朗大学，它的PAE计划提出5至8年内使全校正式教师在目前500多人基

---

① North，Joan. Post－Tenure Review：Rehabilitation or Enrichment. AAHE Bulletin，April 1999，51（8）.

础上再增加100余人。为了顺利实施该计划，布朗大学还特地发起一项筹款活动。到2007年10月止，布朗大学总共聘任了79位PAE岗位新教师，当年的招聘费和22位新聘教师的启动费即达到820万美元。除了周密的计划和巨大的经费投入，多样化和开放的招聘渠道来源也是美国大学招聘工作的显著特点。例如明尼苏达大学①明文规定，“除非有十分充足的理由，招聘终身教职或终身轨教师、连续聘任的学术性专业人员以及高级行政人员，都需要进行全国性的招聘。”绝大多数的学术性岗位招聘都是通过广告公开发布信息的，但是大学同行之间的信息交流，仍不失为识别候选人的一个非常成功的办法。通常，杰出的候选人不大会去申请那些刊登招聘广告的职位。对于这样的人才，必定要遴选委员会的成员或者其他的教师诚心诚意地去求贤。

美国大学教师选聘给我们的启示如下：（1）从严选聘教师。教师队伍的整体素质和水平是确保学校质量和水平的根本。教师队伍是由一位又一位鲜活的教师组成的，教师之个人素质、能力、水平至关重要。高校应将挑选优秀的教师作为办学的头等大事，选好每一位新进年轻教师。应尽可能地避免学术近亲繁殖，作战略性调整。在考察教师时，学校应着重考察其素质、能力、水平、潜力等是否有希望成为一名优秀的高校教师。（2）实行校外专家匿名评审制。这样的程序将确保评价的公正与公平。只有在校外大多数同行、专家匿名评审通过的前提下，才能由本学院教授集体评议与表决，这样的选聘制度应当被采用并推广。（3）教师教授自主管理。专家治校是美国的宾夕法尼亚大学之管理特色之一。教师尤其是高水平的教师是学术方面的专家，他们最了解教师这个职业，最能把握教师职业的特点与性质，教师的权、责、利以及需要具备怎样的素质才是优秀的教师，等等。因此与新聘教师直接相关的事件如教师队伍的专业结构、年龄梯队，教师的设岗、聘用、考核、评价、研究经费资助等，都应由教师自

① http：//www. umn. edu/（2010－1－22）.

身依法管理，按程序管理自己的事情。

因此要采取各种各样的办法，利用各种机会去宣传学校网罗人才、礼聘人才。总而言之，办好一所大学，网罗优秀人才是第一要务；而要揽聘到优秀人才，科学规范人力资源管理程序，抓紧抓好招聘工作的各个环节必不可少。

## 4.2　英国大学教师选聘经验借鉴

英国的大学都是独立法人，大学教师不是公务员，由各大学（理事会）负责聘任，作为雇主的大学是根据雇佣契约来聘任从事大学教育研究工作的被雇佣者。大学教师主要有教授、准教授、高级讲师、讲师以及其他一些教育研究工作者。其中，肩负教育和研究双重职责的教师占教师总数的60%，只从事研究工作的占30%，只从事教育的占10%。教授、准教授和高级讲师没有规定任期，而有些大学对一般讲师实行聘任制。也就是说，在高校师资队伍中既有终身职的教授，也有临时讲师和短期契约的雇佣教师。

著名的剑桥大学①教师分为三个层次：教授、准教授或高级讲师、讲师。任命讲师的平均年龄均为36岁，由讲师升为高级讲师比较容易。但是，若要从高级讲师晋升教授的要求却很高，对研究方面出版过专著的数量、带过学生的数量、获得研究经费的数量以及在学术界的地位与影响，是否兼任什么学术性团体的职务，等等，都有要求。2003年，英国在校大学生共有1 362 245人，如果包括在职人员攻读大学课程者应为2 247 440人；专职大学教师共有106 900名（教授12 325名，占总数的11.5%；准教授及高级讲师21 925名，占总数20.5%；讲师37 450名，占总数的35.0%；其他教师35 205名，占总数的32.93%），如果包括大学兼职讲师在内应为150 230名；每位专职大学教师平均承担的学生数（包括在职人员攻读大学课程者）为2 110名，如果包括大学兼职讲师在内，每位大学教

---

① http：//www. cam. ac. uk/（2010 -2 -20）.

师平均承担的学生数应为 1 510 名。

一般来说，大学聘任教师采取公开招聘的方式①，要求申请者具有优秀业绩、取得专业学位及有教育研究经验。准教授和高级讲师多数是校内升格者，要求发表独创性的研究论文，校外专家也参加审查以及评价。聘任教授实行公开招聘，由选任委员会推荐，理事会任命。高级讲师以上基本享受终身职待遇，规定没有正当的理由不能解雇。大学教授被确认为专职以后，学术自由和终身在职权就可以得到保障。2000 年，大学讲师以上享受终身在职权的有 64 012 人，占总数的 63%。

在英国，牛津大学和剑桥大学之所以著称于世，这与其具有特色的办学理念、高水准的教学质量以及优秀的师资队伍密切相关。如牛津大学要求教师"在教学和科研的每一个领域都达到和保持卓越，保持和发展作为世界一流大学的历史地位；通过科研成果和毕业生的技能造福于国际社会、国家和地方"。

据统计，到 2001 年，牛津大学培养了 40 名诺贝尔奖获得者、25 位首相、85 位大主教和 18 位红衣大主教。由于英国大学历来倡导学术自由、专业自主、教授治校的学术氛围，大学教师一般享有"终身在职权"，虽说有些教师要与校方签订定期雇佣或雇佣试用期的合同，而多数教师只要没有违法行为和不良事端，通常能在大学工作到退休，其身份得到保障。但是，随着 20 世纪 80 年代以来政府的经济改革力度增大，对大学师资队伍的冲击也因此增强。诸如：大学拨款委员会大幅削减大学经常性经费，而这些经费以往多被大学用来支付教师工资，导致大学"解聘多余人员"；政府出台《多余人员补偿方案》，由中央政府向大学拨款委员会追加拨款用于对提早退休或自动解职的教师的资助；《1988 年教育改革法》第 124 条和第 125 条明确规定："高等教育法人团体有权签订合同，尤其包括签订聘任教职人员的合同，以进行教学、研究、发表等活动"，"由高等教育法人

① ［英］托尼·布什．当代西方教育管理模式［M］．强海燕，译．南京：南京师范大学出版社，1998.

团体管理的任何机构须遵循该法人制定并经国务大臣批准的管理章程进行管理”,“管理章程可以规定有关教职人员的聘任、晋升、停职和解聘的程序”; 对原有的大学教师“终身在职权”作出规定, 这与国家财政状况以及政府追求的“投入”与“产出”回报率和促进大学经营管理有效性的政策相关。但是, 政府用心良苦的诸多政策的出台也很难变革大学教师人事的传统根基。

从 1997 年度至 1998 年度的统计资料可以看出: 大学专职教师 (不包括研究人员) 拥有永久合同的比例仍然较高, 并有相当数量的讲师拥有永久性合同, 其中也包括部分新聘任或者新晋升的讲师。但是, 英国已经在法律上告别了传统意义上的大学教师的“终身在职权”, 现今大学可以“正当理由”甚至“人员多余”为原则解聘实施《1988 年教育改革法》以后聘任的大学教师。

在大学教师选拔标准方面, 英国虽然强调教师的学术成就, 但又注意因人而异, 用其所长, 不作刻板的要求。例如在同级设高级讲师、副教授两种职称, 前者侧重教学效果, 后者侧重学术成就。之所以强调学术成就, 是因为高校是培养高级专业人才、创造和发展科学的殿堂, 学术水平和科研成就自然成为衡量教师高下优劣的重要标准。

对于教师来说, 从事科研不仅是发展科学的需要, 而且也是提高教学质量的内在要求。正因如此, 所以高校一般要坚持教学、科研两个中心, 教师应以教学与科研并重。但在选拔教师的人事政策方面, 由于种种原因, 往往很难把握这种统一的度。众所周知, 教学既是一门科学, 也是一门艺术。教学效果属于软指标, 难以准确量化, 而科研则是硬指标, 看得见, 摸得着。在实际工作中, 往往也存在这种状况, 教师的科研能力强, 科研成果多, 其教学效果一般不会太差, 反之, 则不一定。此外, 高校教学毕竟不同于中小学, 对教学法的要求似乎可以不那么高, 加之一些人对教育专业训练尚存怀疑态度, 这样便导致了选拔高校教师自然出现侧重科研成果的倾向。

英国在选拔教师时注意前期把关,① 初任教师必须经历三年试用期后才能成为正式讲师。在试用期内，每年考核一次，如果不合格可随时取消聘任，这为日后的晋升质量奠定了基础。教师被选拔进入学校只是考核的开始，英国教师选拔有很长时间的持续过程，不是一次考核就决定了教师的去留问题。受聘教师如表现不佳，则会被提前终止聘用合同。有的高校在三年试用期内还搞了一个任用合同，不合格者，一年到期便可辞退，三年期满合格者才能由 C 级讲师升为 A 级讲师。

英国负责选拔教师的机构是学术委员会，其成员都是教授、讲师、学生、职工的代表。评定完成后，学部部长与各系主任还要再行审阅。英国规定，选拔委员会成员的职称应高于应聘者，例如，如果招聘高级讲师以上职称的教师，须由副校长（相当于中国的校长）参加。有些大学在选拔教师和对现有教师进行晋升时，还邀请校内外有关学科教授参加，以保证评审的客观性。英国的牛津大学、剑桥大学对此很有讲究。评审某位教授时，由 8 位教授组成评议小组，4 位来自本校的不同学科、专业，4 位来自不同学校的同一学科、专业。这样能够杜绝同行妒忌、打压人才的现象。这样的评审团队相对保障了选拔的公平、公正性。

## 4.3 日本大学教师选聘经验借鉴

日本高校教师有助教、讲师、副教授、教授四个层次，应聘考察的方面是学历、资历、科研成就、教学组织能力与教学效果。每个层次的教师的选拔侧重点不尽相同，但是标准都十分严格，以选择最优秀的人才进入高校担任教职②。

在教师的选拔过程中，日本是以招聘为主，晋升为辅。从结合的方式看，日本对高层次教师实行招聘，对低层次教师实行晋升；名牌大学一般

① M. J. Amey. Faculty Recruitment, Promotion, and Tenure. Burton Clark & Guy Neave (eds). The Encyclopedia of Higher Education. Oxford: Pergamon Press, Vol. 3, 1992.

② http://www.mext.go.jp/, 2010-2-26.

采取晋升方式（由于比例受限，竞争同样激烈），非名牌大学大多实行招聘（如无合适人选，宁愿招聘名牌大学的退休教授也很少对教师实行晋升）。日本的助教一般由校方根据教授或导师的推荐从毕业生中选拔，教授则面向全国招聘。副教授由讲师晋升而来，出现缺额亦通过招聘方式予以补充。日本高校教师主要来自东京大学、京都大学等名牌大学，垄断率很高；加之实行讲座制，高级职称名额有限，一流大学的副教授经常会向二、三流大学流动，因而师资质量在一定程度上能够得到保证。日本高校对低层次教师实行招聘或留用后，一般会让他们通过内部晋升方式升迁。教师被招聘或留用后必须经历一个筛选过程，一般具有较好的业务素质、学术潜力和培养前途者，校方会给他们以升迁的希望，以便能督促他们努力钻研业务，增强"单位意识"。同时提供一个相对稳定的工作环境，也有利于他们熟悉业务，保持科研工作的连续性，早出成果。但是，在日本大学里晋升并非容易之事，日本的助教留校后依然面临淘汰的危险，在3～4年内，如果能力不佳或缺少升职的机会，则必须离开学校。

日本高校招聘教师，要先将应聘者的有关材料交教授会审议，并从中推选五人组成评选委员会，评选之后，由教授会投票表决，过半数赞同票者报学校评议会审核，然后再报请各自的教育主管部门批准。

另外，日本大学教师由于在"终身雇佣"和"年功序列"惯行体系中身份得到法律保障，有的对大学研究和教育活动的热情减退，导致高等教育的质量下降，遭到社会各界的批判。1995 年 9 月，作为文部大臣咨询机构的大学审议会提出实行任期制的建议①：①不论国立大学、公立大学，还是私立大学，任期制以助教、副教授和教授等所有的大学教师为对象。②是否实行任期制，委托给大学方面判断（选择性任期制）。③实行任期制的期间、作为对象的教师和学部、有无再任等由各大学自己决定。关于能否再任，各大学应该设定标准，不仅是研究业绩，而且要考虑到学生的授业

① http：//www. mext. go. jp/，2010－2－26.

评价和讲义内容等教学业绩。现在，有10%以上的大学实施任期制，例如早稻田大学规定所有助教的任期原则上为3年，最长不能超过5年；东京大学法学部规定助教任期为3年、讲师任期为2年；庆应义塾大学从1995年开始实施从校外聘请教师规定任期的制度；筑波大学尖端国际领域研究中心（TARA）为贯彻竞争原理的基本方针，1994年首次在《SCIENCE》和《NATURE》杂志刊登求人广告，公开招聘7名教授，并规定这7名新任用的教授“若在7年中没有研究成果，就要离开TARA以及筑波大学”。①按照文部省的官方解释，即使本人“不想离职”，也必须遵守法律的规范。因此，文部省对实施大学教师任期制是有法可依的。

综观美国、英国、日本三个国家有关大学教师，尤其是新进年轻教师的招聘工作，笔者认为，国外高校普遍重视高校新进年轻教师的选聘工作，并且其教师队伍的整体水平相对而言都比较高，其共同的原因有这样几点：第一，物质保障，丰厚的待遇，人性化的服务。例如，美国耶鲁大学对于新进年轻教师进入耶鲁以后的生活、工作有非常详尽的安排，甚至连停车位置这样的小事都事前为新员工做出了安排，并在网络上配备校园地图，以供新员工参考；②还为新员工提供免费的网络课程以及进修费用、运动馆免费使用等福利。英国牛津大学以及日本的早稻田大学这样的著名学府，对于新进年轻教师的待遇、福利都是很高的，并且他们对于员工的医疗、住房、家属等都给予福利。英国的曼彻斯特大学提供给新员工的福利项目，涉及生活当中的方方面面，包括交通费用、购买书籍费用、医疗费用、小孩的看护费用等。事实证明，丰厚的物质待遇，以人为本的服务，对于招聘优秀的人才是一大支撑条件。第二，一套公平、效率、自由的选拔机制对于高校选聘人才，也是不可或缺的保障。例如日本高校对于教师的选拔有着一套严格的机制，并且受到法律的保护。但是在特殊人才引进方面，又留有“绿色通道”，为学历稍低但实践经验丰富的教员提供

---

① 日本的论点97. 日本文艺春秋社，1996：606.

② http：//www. yale. edu/，2010－2－23.

了任教的机会。美国的耶鲁大学对于应聘的教员有一个专门的、称为STARS（Strategic Talent-management And Recruitment System）的系统，可以方便应聘者进行应聘，并全程在电脑上操作简历，最后等待电话面试的通知。第三，国外大学有自己招聘教员的文化理念，他们主张用理念吸引人，耶鲁大学招聘教员时，同时将耶鲁所在城市的文化氛围推荐给应聘者，耶鲁所在的"天堂城"有很多的博物馆、戏剧院等，让应聘者"爱"上大学所在的城市是非常重要的文化理念；对于大学本身，也要有自己的招聘方针或指向，耶鲁就明确指出，他们将在合适的时间，合适的位置，招聘合适的人才，其人力资源部门的目标如下（笔者译）：

●Develop Yale as a high-performing organization.（将耶鲁发展成为一个高效能的机构。）

●Recruit the best quickly.（尽快招聘到顶尖人才。）

●Ensure a positive experience with Human Resources.（确保人力资源拥有正向经验。）

●Offer effective compensation and benefits program that attract, develop, and retain staff.（提供有效补偿及有利的项目，这些项目可吸引、发展及保持现有师资队伍。）①

招聘理念的获得对于一所大学来说是至关重要的，也是我国大学普遍缺失的，如何使得你的员工"钟情"于你的大学，"爱"上你的大学所处的城市，这是非常重要的。因为选择了工作的地点，也就选择了生活的环境，选择了一种文化的氛围，选择了做学问的同事，选择了服务于大学的行政机构，所以"优秀"的文化理念对于吸引人才作用巨大，这也是国外优秀高校招聘人才时的一大共识。

综合理论研究以及多学科分析，并综合考虑国际上其他国家的经验，笔者拟提出以下五大选聘战略，为大学年轻教师的选聘提供可供参考的战略方向。

---

① www. yale. edu，2010 - 2 - 23.

# 第五章 大学年轻教师选聘的战略选择

## 5.1 从单向选择到双向选择

战略之一是由单向选聘转为双向选聘。什么是双向选择?“双向选择”指的是大学在选聘新进年轻教师的过程当中，实行双向的选聘过程。一般意义上，强调的都是大学对于新进年轻教师的选聘，但是人们往往忽略了新进年轻教师本身的特点和选择。

为什么要进行双向选择呢?因为单向选择往往很难选择到合适的人员，选到“较优”的人选。进行双向选择是一个双赢的过程，高校能招募到更合适的人才，对于年轻教师来说，他便能找到更合适自己的岗位。

当今社会，要实现双向选择存在着一定的难度。因为现在是卖方市场，应聘者很难实现自己的选择权利，往往学校具有更多的话语权，据统计①，改革开放30年，我国迅速地由研究生教育小国跨入世界研究生教育大国行列。硕士生招生数从1982年的10 778人发展到2007年的360 590人，年均增幅为15.07%；博士生招生数从1982年的302人发展到2007年的58 002人，年均增幅23.41%，大于硕士生招生数的增幅。截至2007年，我国累计被授予博士学位者达24万人、硕士学位者180万人。南开大学党委书记薛进文指出，中国的研究生教育20多年就走完了美国100多年的路，实现了“赶美超英”的目标。对此，还有学者用“大跃进”、“泡

① http：//news. xinhuanet. com/edu/2009 -03/12/content_ 10995045. htm，2010 -2.

沫化”来形容，认为博士作为学历教育的“塔尖”层次，其教育水平不仅反映一国最高教育水平和科研水平，也影响着一国知识创新能力和学术水准。长此以往，不仅难以保证博士生的质量，还会带来博士生就业难问题，出现“高学历，低就业”现象。我国2009年毕业的博士大约是10182名①，而大学所能提供的就业岗位是非常有限的。并且2009年有24万“海归”人才留学归来。就业可谓是“僧多粥少”，故好的大学总是认为，中国不愁没有人才，供选择的人才过剩。但是，笔者不禁要问：为什么我国近百年来鲜有“大师”？鲜有“诺贝尔奖获得者”？众所周知，今日的年轻学者将会是明日学术界的栋梁，选聘进来合适的人才，更优的人才，对于高校，对于学术界的重要性不言而喻。但是，大学往往由于眼前的局势，而“听之任之”，仿佛招聘人才不是难事，招聘进来一个年轻教师更是不用花多大的代价，或许安家费都不用给了，很廉价。而对于这个人是否真正适合当任大学教师，是否合适自己的大学，是否合适学科的发展需要，是否对学术梯队的合理布局有利，管理者思考得还不够深入、不够专业；另一方面，对于应聘者，能够在竞争激烈的市场中，找到一所学校“安身立命”，能够有个大学聘用，便“感恩戴德”，对于这个高校的科研环境、性质、待遇都统统不大计较，哪怕是专业不对口的地方，也暂时待着，根本没有选择意识。这样对于自己的事业前途和发展来讲也都是没有好处的。

由于上面的原因，也就形成了部分发达地区高校，选才空间大，自然削弱了大学年轻教师选择的自由。发达地区的高校一般拥有更多的科研资源，由于地区原因，也经常能聚拢更高层次的学者，这就是“马太效应”的结果，越是发达地区越容易招聘到更多优秀的、合适的人才，不发达地区越是难于招聘到优秀的人才。

---

① 教育部官方网站数字统计，2010-2.

## 5.2 从一元选聘到多元选聘

多元择优应在足够数量和质量的人员中寻找和获得可能的岗位候选人，从而使高校能挑选到最合适的人员来满足工作需要。我国古代常用考试、举荐、自荐、招贤等几种方法选拔人才。相比之下，现代学校组织的选择渠道更为丰富，不但选择面宽广，可面向国内外公开招聘；而且发布需求的方式多样化，诸如有特定读者群的报纸和商业或专业杂志、广播电视、广告宣传、海报、员工推荐、校园招聘、各种现场人才招聘会、网络人才市场等。一些高校还利用主办或参与国际国内大型学术和组织管理经验研讨会交流会的时机积极挖掘选聘目标。此外，20 世纪 90 年代初期在我国大陆悄然兴起的，以高级专门人才为主要猎取对象的人才中介机构——猎头公司（HEAD HUNTER），也为高校优选各类高级专门人才提供了新的途径。

多元化择优首先要考虑应聘者个人是否具有教学科研工作岗位所需的个体的素质优势，这是毫无疑义的。并且，在这个前提下，尽可能考虑团队人员群体素质的优化。因为人才间的合作至关重要，人才的年龄、专业知识、智能结构、气质性格各异，如果一个团队不能形成有效的素质互补，整体效能就难于发挥。主要从以下几个维度来进行人才选择：

●注意新聘教师之间形成适宜的年龄梯度

年龄结构是为了预防学校教学科研管理人才“青黄不接”。老、中、青人员适度配置，形成良性梯形态势，有利于学校着眼长远培养符合自身规格要求的后备力量。年龄梯度的“度”把握不好容易引发“代沟”问题，结果会适得其反。尤其要特别注重中青年人才的发展，因为选用人才有一个最佳时机问题。研究证明：人才创造力最为旺盛的黄金时期是在 25 岁至 45 岁之间。年轻是一笔宝贵财富，在市场经济条件下，中青年教师年富力强、思想解放、不墨守成规、易于冲破旧有观念束缚，与时代发展保持同步，能保证整个学校各方面工作处于领先地位。如果能用当其时，学校和教师个人将实现“双赢”。

●注意新聘教师之间实现专业知识和智能结构互补

合理的团队知识与智能结构历来为人重视，这是因为单单依靠某一类人才往往形成不了合力，甚至可能造成内耗。教师是一个协作性要求很高的职业，但有时却因为学校绩效考核只注重个体成就而忽略群体效能，误导教师们一味“单干”（哪怕是他们能在知识与智能上互补），其结果是妨碍了学科群建设的深入开展。

●选人用人要考虑人员的气质适配

就单独个体而言，人的气质并无好坏优劣之分，但对不同工作岗位和工作团队来说，却有匹配与否之别。科学研究表明，气质通常分四类：多血质缺乏耐力和毅力；胆汁质缺乏耐心，易消沉；粘液质缺乏创新精神；抑郁质则优柔寡断，易恐惧退缩。对需要较多交往的工作，应选用多血质，而对于需要长久细心的工作则选用粘液质。气质不同也会有经常性的不协调，关键是各得其所，针对工作本身所要求的气质特点，使人、工作、气质三者相得益彰。

总之，学校选聘教师的才能是具体的、特定的，并且是能产生积极工作成绩的。择“优”要着重考察应聘教师的能力（主要是智力能力）、业绩（已有成就的过程，主客观条件）、人际关系（如果不善处理工作中的各种关系，工作开展将会阻力重重）、潜力（包括聪明才智、创造力、学习能力以及对工作的投入热情）。只有当应聘教师的能力或特长正是学校所需要的，而且能够与团队其他教师的能力、特长有机地组合起来发挥作用的时候，应聘教师才有可能从学校获得最佳回报，最终实现学校与教师双方价值最大化。

## 5.3　从来源单一到来源多样

谈到大学新进年轻教师的来源，要使一流的高等学校具有一流的教师队伍，首要的和基本的关口是教师招聘环节，但是来源问题又尤其重要。

教师招聘应该放眼国内外，力争引进国内外一流的教师和研究生，不要只局限在本省、本自治区或本直辖市范围内，更不能大量留用本校的毕业生（除非经过公开公正公平竞争表明本校的毕业生确实更优秀些）。无数事实证明，高等学校教职工队伍的学缘多元化是高等学校活力的源泉。

至于招聘对象的毕业学校是否有层次上的要求，如是否必须出自“985 工程”、“211 工程”的高等学校，是否必须出自世界名校，则要根据招聘学校的层次和招聘岗位的具体要求来确定。但归根结底，只有招聘对象的能力和水平才是最终的衡量尺度。虽然有的企业招聘高等学校毕业生时很刻板，必须是某些名牌高等学校的毕业生才会纳入其招聘的视野之内。但“英雄不问出身”，教师招聘既然是一种人才选拔活动，“血统”、出身不会不考虑，务实才是最重要的。多样化的来源结构才能保障人才的根本质量，以及教师队伍的比例结构。

目前我国高校在招聘人才方面逐步由面向校内为主转为面对地区或全国，许多关键岗位还面向海外招聘，取得了显著效果，如教育部长江特聘教授制度为高校实施公开招聘的形式提供了很好的示范。但是由于受办学条件、地理区域位置、聘任条件和岗位报酬等因素制约，各高校之间的公开性程度和范围不平衡。此外，公开招聘过程本身也不成熟。许多高校在招聘岗位的职责要求、聘期目标、工作条件和生活待遇等方面含混不清，使得应聘者无法全面了解所需信息，难以决定是否应聘，因而达不到吸引更多的优秀人才的要求。这也在一定程度上制约了大学教师选聘来源的多样化。

国外高校普遍通过严格的考核程序和激励竞争机制来促使教师能者上、平者让、庸者下、劣者出，并从制度上为教师的“出口”建立起严格的规定。如美国实行“非升即走”的原则，教师在规定期限内不能获任终身职位就要自动离校。日本大学的现行人事制度比较保守，大学之间以及大学与社会之间缺乏必要的流动，由此产生了许多弊端。近年来，日本大学也开始制定相关政策促使大学教师逐步流动，尤其是提高年轻教师任职的流动性。这样的教师流动对于大学新进年轻教师的来源，又提供了新的“源泉”。我国在教师流动问题上，单位尚未对人才资源的社会共享达成共识，优秀人才较难引进，引进后就是单位所有，如是二次流动即视为“人才流失”，没有意识到在市场经济条件下，教师都是“社会人”，优秀人才的互动和交流也是正常的。

## 5.4　从一维设岗到多维设岗

教师选聘工作是一个复杂、完整而又连续的程序化操作过程。科学设置岗位，是做好教师选聘的前提和基础。人力资源规划的实质是在对组织的过去进行评价、对未来的形势走向进行预测的基础上，分析并确定实现组织目标所需的人力资源以及获取这些人力资源可能性的过程，做好人力资源规划为科学设岗奠定了基础。规划现已成为高校一项基础性、战略性的工作，每所学校有学校的战略发展规划，部门有部门的发展规划。作为学校的人力资源管理部门，首先，围绕学校的战略目标，依据学校发展规划，充分考虑全校师资队伍现状，制订人力资源中长期规划；其次，以中长期规划为指导，在国家对学校岗位编制的总体控制范围内，以不断优化各类、各层次人才队伍的结构为目标，结合当前工作岗位的空缺和实际工作的需要，制订年度岗位招聘计划。在做好人力资源规划基础上进行岗位科学设置，可以实现教师选聘从被动的“反应性”向主动的“前瞻性”转变，使得岗位设置更加科学合理。

另外，对招聘岗位进行工作分析也是十分必要的。招聘的前提是有岗位空缺，工作分析就是详细分析空缺岗位工作的性质（如是教学科研型岗位还是专任教学型岗位）、职责、任务、任务的相对重点、与其他工作的关系、学校能提供的环境资源条件、所需的绩效标准等，确定符合该项工作要求最佳人选的特征，确定用来评价候选人的工作能力和精神面貌的标准。通过分析岗位工作的顾客群（包括社会、学校、院系所、同事、学科组、学生）的需求和期望，制订能满足其需求的量化标准。这种深入细致的工作分析是确定最佳人选特征的基础。

以北京大学为例。北京大学规定新聘教师必须具有博士学位或本学科最高学位。此外新聘的讲师（以及助教）须有相关专业领域扎实、系统的基础理论和得到研究方法的严格训练，其博士论文有重要的学术贡献，有希望成为本领域的杰出学者。新聘任的副教授须有重要的、有影响的学术论文或专著发表，是本领域国内杰出的青年学者，达到相应年龄段所从事研究领域国内的前列。新聘任的教授必须是国内或国际同行公认的所从事领域最有成就的学者，有标志性的杰出研究成就。除少数特殊学科外，新任教授应能用一门外语授课。北京大学还坚持新聘副教授和教授的学术水平必须高于现有副教授和教授的平均水平的原则，以逐步实现其建设一流教师队伍的目标。

作为大学的校长，还应该具备一定的学科知识，什么学科应该发展、什么学科分支是未来的发展方向，大学校长应有自己的看法。笔者采访一位大学校长时，他指出 20 世纪 90 年代时，学校来了一位“礼”学博士，当时没有这个岗位，那么是否应该因“人”设岗呢？事实证明，若干年后，礼学确实是受到了非常的重视。所以科学设岗，还必须具备专业的学科知识，还要有前瞻性的眼光。当时，那位校长也破格留下了这位礼学博士，事实证明他的研究做得不错，也赢得了社会的认可。

综上所述，设立招聘岗位的维度应该多维度进行，高校负责人应该具备前瞻性的眼光和必要的学科知识，同时还应该考虑学校未来的发展方向、学校的工作重心、特色专业、拳头专业等维度的因素，而摒弃仅仅着眼于眼前的需要这样一个单一的维度来进行岗位的设置。

## 5.5 从定时选聘到择时选聘

大学年轻教师选聘的对象多为高校应届博士毕业生，毕业的时间多为每年的 6 月，高校招聘教师的公告时间可以设置在毕业前的半年左右公布出来，并将选聘时间定在毕业前的三个月左右进行，这样给足时间，毕业生可以从容地完成各项应聘工作，以及论文答辩工作，顺利到达岗位。到达学校正式上岗之前，应给新老师上岗培训的机会，可由学校优秀教师到课堂听课，甚至给复习课让新老师试讲，资深教师点评；暑假期间，给予应聘者岗前培训，作为高校教师应聘的环节之一，实行末位淘汰制。培训教师的必备技能，进行高等教育学、心理学、高教法规、学校历史等方面的全面培训，实施无间隙上岗培训，对于大学新进年轻教师是非常有必要的。

时机的选择便造就了培训的可能性，并且与下学期的课程衔接紧密，不容易造成人员招聘上的时间浪费，节约了高校的成本，也提高了用人的效率。试想如果学期中间招聘到合适的人才，又不能安排其上岗，对于培训又没有合适的时间，人才的流失现象可能更严重，所以，学校的招聘不能是随时招聘，而应该择时进行，并且把握机会。这样对于高校，对于应聘者都是双赢的过程。更可能大大提高用人的质量与招聘到合适人才的机会。所谓择时选聘，通常是说选择性地寻找需要学科的专门优秀人才，并提前关注他们毕业的动态，把工作深入到了解他们的背景，看能否“请”得过来。选择时机，非常重要。原湖南师范大学校长张楚廷教授在其专著中这样描述道：“湖南师范大学外国语学院英语语言文学的振兴过程当中，和人事部门紧密配合，当时还在中国社科院攻博的蒋洪新和在北京大学念博的宁一中这两个人，就得到了张校长的特别关注，并且这两个人的妻子也很优秀，一位是郑燕虹，一位叫段江丽，都是文学博士。他们都被请到了当时的湖南师范大学。”①正是这种主动出击、择时选聘的方法，为学校赢得了难得的人才，也为当时湖南师范大学外国语学院英美文学学科增加了两名得力干将。如果仅仅发布招聘消息，并在其博士毕业以后再去招募的话，人才可能早已经流失。故择时招聘是很重要的。

---

①　张楚廷．张楚廷教育文集（第4卷）［M］．长沙：湖南教育出版社，2007：162.

# 第六章 大学年轻教师选聘的途径改善

在以上五大战略的指导下，笔者基于调查问卷所体现的关键问题，现提出由六大途径来优化我国的大学年轻教师招聘工作。

## 6.1 岗位之优化

我们先从招聘岗位的设立谈起。大学年轻教师招募岗位的设立，首先应该是公开透明的，应该向媒体、网络、社会公开，这样不但可以聚集到更大范围的人才，同时也起到了社会监督作用。有些大学的人力资源处网站，永远是空的，或者是好几年以前的招聘消息，从来不更新，难道这么多年来该大学就不需要招募任何人才吗？很值得人深思。一些大学的招募岗位信息永远都是内部文件，外面的人才根本无从知晓，更谈不上甄选的过程了。这对于大学本身的发展不利，也对于应聘者不公平。

其次，对岗位进行科学的分析也是十分必要的，笔者发现某些大学的网页上，招募的教师职位很多年来都是相近的，招募人数也都是一样的。不知道这些岗位招聘信息是否经过了严格的审核与科学分析。大学是如何制定用人需求的？是否以各院系自己的发展需求为主？据笔者了解，大多数的中国高校都是各院系向学校提出用人申请，再根据分配到的编制进行招聘。大学里的人力资源部门大多是主管收发简历、组织考试等事务。学校对于各个学科的发展、师资的比例以及配比，是否有宏观的把握，这恐怕是大多数高校要思考的问题。在选人的环节上，应在岗位的设置上兼顾效率。从宏观的角度，从学校的特点出发，从效率出发，考虑大学教师招募岗位的设置。比如，某沿海地区大学，新成立国际学院，本身国际学院的成立就是为了配合大学的走向与定位以及未来的发展方向，那么在招募新进教员的时候，该学院按照其所开课程招募了相关专业的海外归国人员，全部是硕士以上学历。其岗位的设置基本还是与所开课程紧密联系起来的，还招募了一定比例的英文硕士，以加强学生的英文能力。教师岗位的设立还是以学院授课的需求为第一根本的，当然要求是海外归国人员，这对于教师的全英文授课是一大保障。但是，如果在教师招募岗位的设置上，对于学院未来的发展方向以及发展前景，其招募人员的配比，如男女配比、老中青配比以及各种职称的人员的组合、专业之间的组合等，都应该有深层次的思考。另外，作为高校应该看清自己的位置与性质，是公立大学还是私立大学？是研究型的大学还是应用型的大学？私立大学，利益驱动性就极强，或许其教师的招聘，会侧重于复合型的人才，不但能够从事教学、科研，还有较为丰富的行政能力，最好是科研能力、教学能力都有，并且有特长的人才；公立大学是以人才培养为主的地方，其利益驱动性不及私立学校，其人才招聘的标准自然不同，有的学科就是需要“学究”型的人才，需要专心学问、埋头做事的人。另外，技巧性较强的学科，如计算机、英文，可以招募相关专业教学人才。除此之外，研究型大学的招聘岗位，肯定要倾向于研究，学术水平是最主要的考核标准；应用型的公立大学，可能要服务于社会的某项确实的工程技术，故其对所招募的人员实际应用能力的要求要更高，而对于从事理论研究的招聘者，可能需要更长时间出成果的研究领域，或者理论型的学者需求量，不及公立研究型的大学。

当前我国的大学当中，由于受编制的限制，对人员的招聘带来了诸多束缚，那么，高校如何才能脱离编制的约束？另外，用人单位如何才能拥有“独立”的人事权力？这是中国大学存在的又一严峻问题，人事问题上存在很大的“人为因素”或者“暗箱操作”，对于招聘方来说，对教师的需求是高质量的，在市场竞争激烈的今天，一所大学的生存与发展，其关键的地方还是在于“人”，尤其是大学这样的承载着研究任务与教学任务为一体的机构，对于高层次的人才需求应该更大，要求人才的质量也应该更高。但是，我们的高校教师招聘却很难真正地自由选择。对于所需要岗位的设置，往往也要征求各方的意见，学校对于某个专业岗位的设立，也要受制于方方面面的力量。如何“自由”地聘用合适的人才？大学，是崇尚学术自由的地方，其中一个重要的方面即如何使得人才进入的口子是以学校学术的前途为本的，因为大学者，非谓有大楼之谓也，乃大师之谓也。故要想建设一所优秀的大学，人才是至关重要的环节，以及人才的配比也是很重要的，如何设置岗位，也体现在学术自由的氛围当中。

## 6.2 来源之优化

关于大学新进年轻教师的来源，以下从亲缘结构、地缘结构以及职业机构几个方面进行分析。

从亲缘结构来看，国外大学在亲缘结构上，广纳地方人才，对于不同学派与师门的人才，广为录用。拓宽了交流的渠道，另外丰富了交流的内容，使得交叉合作的机会增大。容易形成学术界万马奔腾的繁荣局面。而我国新进年轻教师的亲缘结构还是以导师为中心发散的结构居多，即导师的关系网内安排弟子就业，或者直接安排在本校就业。近年来，很多大学提出需要外校的博士，这正是为了打破这一亲缘结构所作的努力。

从地缘结构来看，国外大学的教师一般来自世界上的各个国家，教员地域来源比国内大学要广。其教员拥有不同的肤色以及宗教信仰，其学术门派也不同，这样多元的教师地缘结构，势必造成文化上的大交融。例如澳门大学，拥有一支400多人的教师队伍，均具有丰富的教学与专业经验，他们来自中国、英国、美国、加拿大、澳洲、新西兰、葡萄牙、日本等国家。澳门地处沿海地区，并且政府对于澳门大学的资金注入，对澳门大学广纳人才是有帮助的。综观国内大学，师资地缘结构相对单一，国际化的地缘结构更少。青年教师是最有可能流动的群体，他们大多博士刚毕业，成家立业，志在四方的占多数，故使人才流动起来，促进学术门派的交流与沟通，打破地域界限是非常有必要的，因为学术界需要不同的声音，这样学术才能蓬勃兴旺。

教师来源的职业机构，国内大学新进教师一般职业来源为应届博士毕业生。国外大学新进教师一般要求拥有博士学位的专业研究人员，或者拥有丰富的教学经验，他们不欢迎政府官员担任专职教师，最多客座讲学。国外大学教师一般是博士研究生毕业，来自高校，或者研究所，或者企业专门技术人才。国内大学新进年轻教师一般来自高校毕业应届博士，或者高校间的流动，或者研究所，还有部分来自企业的研究机构等。

## 6.3　方式之优化

对于大学教师的甄选方式，这是个值得探讨的问题。我国很多著名大学的校长都就如何选拔人才进行过探讨，他们都认为要在短短的一个考核过程中选拔有潜质的人才不容易。国内大学传统的选拔方式是经过笔试、综合能力的测试以及专业知识的考试进行第一层人才筛选，再进入面试或试讲环节。各个学校具体招聘方式又不一样。张楚廷校长指出，要判断一位教师是否胜任，短短时间的试讲是很难判断的，基本表达清晰的本学科硕士或博士研究生，一般上课都能够胜任，但是否具备研究资质就有待时间去判断了。因此，当前我国高校一般是通过简历来判断一个人的相关资质。

国外大学招聘人才的方式与国内大学招聘人才的甄选方法基本也还是相似的。但也还是有其不同的地方，比如，美国大学教师招聘，其来回差旅费用是报销的，从下飞机起，应聘人员的言行就已经受到考察，用餐都会有专人陪同，他们不但有试讲，还要求教师进行相关的学术讲座，邀请相关学科学者以及其他学科的学者参加评审，另外，学生也会被邀请参加评审。最终由校长根据各项评审结果作出聘任决定。

●大学新进年轻教师甄选之综合测试

大学教师甄选的综合测试，在国内，一般包括人文知识的考察，地理、历史常识的考察，相关时事政治的考察；形式与国家公务员考试类似。另外，还有些高校考察应聘者对于高等教育的相关看法以及教育学和心理学的相关基本知识。大多数高校还就专业知识进行考察，这是非常必要的。该综合测试的成绩用作进入面试或试讲的第一轮考核。笔者认为这样的考试设计还是很必要的，因为为人师者，应该有丰富而且渊博的知识结构与底蕴，所以，我们应该设计综合能力测试，并且有针对性地出题。但是部分高校将笔试成绩不算入最后录用的总成绩，最后仅仅依靠面试或试讲决定录用结果。笔者认为这是很不合理的，这样产生了主观判断的缺陷，也为徇私舞弊者提供了便利，在公平性上有失偏颇。

综合测试的题型结构以及内容也是应该根据高校的基本特色、地域特点、当地的方针政策来综合性地把握，单纯的公务员考试类似题目仿佛不合适高校教师的测量。在中世纪的柏林大学，执教者不再是文艺复兴时期的百科全书式的学者，而是术有专攻的专家。柏林大学自建校起，便把“杰出学者”作为选择教师的几乎唯一的标准。这种标准包含三个层次：首先，大学教师应该在他所从事的领域学有专长并具有向听众传递自己知识的能力。其次，大学教师应能把自己的理性活动通过发表来宣扬自己的思想。早在启蒙运动时期，大学改革家闵希豪生就认为大学至少有某些教授应该是能够发表著作的著名学者，他为哥廷根大学招聘的教授——哲学和物理学教授霍尔曼、古典语言和考古学教授格斯纳、匈牙利医学教授塞格纳——都是当时著述丰厚的一流学者。最后，也是最重要的是，大学教授应从事科学研究。柏林大学最独特之处就在于把研究任务确认为教授的正式职责。那么青年教师的聘用综合测试应该在科研能力方面加大考试的力度，在试题的侧重点上偏向科研。正如鲍尔生所说：“柏林大学从最初就把致力于专门科学研究作为主要的要求，把授课效能仅作为次要的问题来考虑；更恰当地说，该校认为在科研方面有卓著成就的优秀学者，也总是最好和最有能力的教师。”① 在今天的 21 世纪现代高校当中，我们也可

① ［德］弗·鲍尔生. 德国教育史［M］. 滕大春，等，译. 北京：人民教育出版社，1986：125.

以沿用德国柏林大学的先进理念。

●大学新进年轻教师甄选之面试

大学教师的面试是中外大学共同采用的方法，也是常用的方法之一，其成本也经济合理，可行性强。大学教师的面试主要包括面谈以及回答问题环节。笔者认为，国外全方位考察的方式值得我国高校借鉴，另外，国外的推荐信制度也比较可取。综观大学教师的甄选，面试其实是比较灵活的方式，其优点是可以从该应聘者的言行举止各个方面考察一个人，可以通过面对面的交流与观察判断一位教师是否胜任。然而，面试也有它致命的弱点，即人的主观性不可避免地产生效应，也可能为“走后门”的人提供可能性。笔者认为设计评价量表，设立等级额度，吸取多元化的评审专家团队，可以借鉴英美名校的经验，本学科教授、学者以及相关学科的教授专家、甚至外校的同行、相关领域的优秀学者、教育学院的专家、学生等都应该按比例参与评审。另外，更加先进的心理测验，以及性格分析测验也应该运用到面试当中来，因为这样可以更加客观地评价一位教师。总之，多元化的面试评价手段、方法以及评审与决定权分离是公平、效率与大学学术自由的未来走向与必然趋势。

●大学新进年轻教师甄选之试讲

试讲是大学教师招聘当中最为关键的一个环节，因为试讲是校方对于应聘新教师的学术水平以及教学业务的一次直观的、近距离的考核。试讲对于新教师的选拔有着特殊的意义，学历、光鲜的外表、璀璨夺目的简历这些都可以人为地去“装饰”或者“包装”，真正的学识与资质是要经过专业人士的鉴定和考核的。某学院曾经就经历过这样的招聘尴尬，一位自称留学美国十年、拥有三个硕士学位以及精算师资格的应聘者，在经过专业试讲的过程当中，牛头不对马嘴，要求是讲“新闻写作”相关的课程，而这位应聘者却谈到的是“医疗保险”，另外，连课件都是向相关的老师借来的，根本谈不上专业素养；除此之外，留学美国却英文都说不流利，发音也十分的糟糕。这样的状况使得学院马上放弃了聘用该人的想法，所谓“识人不易”，仅凭一纸证书，或者发表的所谓成果，还有光彩照人的外表来判断人才是片面的，我们高校应该沉潜下来，在关注应聘者专业能力的同时，高尚的道德品质也是为人师表的基本取向。笔者所知道的一所高校，对于外籍教师的招聘是非常棘手的，外籍教师的资质把握似乎更难，许多高校在外籍教师招聘的过程当中，就放低了自己的要求——对于他们的母语，很少有人质疑，认为只要是外国人，教授英文就一定没有问题，一般拥有硕士学位就行了，对于其专业教授的水平，以及是否懂得心理学、教育学，是否清楚中国学生的特色，是否懂得中国的文化，道德水平如何一概不问。导致很多外教在工作当中，有的与学生冲突，有的道德价值观有问题，还有的与中国同事不和，外教道德品质出现问题的事件比比皆是。如何把握一位教师是否胜任教学与科研，尤其是科研人才的选拔，其难度更大，通过短时间的试讲，恐怕也是很难看出其真正的实力的，有时候科研的实力要通过一段时间才能凸现出来，而且，有些研究需要时间才能看到成果。

谈到试讲，国外大学也十分重视这个环节。美国大多数的高校都是以各种各样的方式考察候选人，他们会进行试讲，并延伸开来进行一场学术报告，邀请学者、专家、学生都参与讲座，并且除了选拔方的学院教授有投票表决权外，另外还会从校外请来专家团队进行投票表决，还有的高校主管人员甚至会和候选人共进午餐，以观察候选人的相关表现以及待人接物的能力和谈吐表达能力。综合的选拔方式，多样化的试讲形式，保障了美国大学教师的综合能力。这些形式与国内大学的试讲形式比较来看，国内大学教师试讲的形式相对比较单一。

另外，试讲的评聘机制上，可以考虑更加的透明、公开，采取多方表决制度，而并非由某一个人决定的机制。综合多方位的评比结果，全面衡量应聘者，择优录取的机制比较合理化。国外大学综合专家团意见、招聘委员会意见、学生意见进行评价，对于一位新教师的评估也许会更全面。另外，在评价用表上，满意度表格比较实用，主观的评价区分度不够，满意度可分为几个级别，这样评聘者可根据级别选出合适的评价。

## 6.4　物质之优化

大学新进年轻教师的选聘需要以一定的物质条件为基础，一定的物质条件是高校获得优秀人才的必要条件。

笔者就高校教师招聘这一话题与多位刚进入高校任职的年轻教师交流，其中一名长沙地区高校的女教师向笔者述说：“刚参加工作时，要自己租房子，吃的用的，加上买书花销下来，每个月2000元左右的收入根本不够用，更不敢考虑结婚的事情。”对于一些已成家的年轻男教师的压力更大，家庭的经济负担以及自己的进修等费用，让年轻新教师难以考虑物质条件相对差的高校。相应地也造成了一些高校招聘不到合适的人才。优秀的人才集中在地域较好、经济发达的地区；相反有的学校招聘到人才，但由于物质条件跟不上，因而容易造成“人才出走”这样的现象。

从与教师的谈话当中我们可以看出：教师对工作收入不满意的原因是：家庭负担重，入不敷出；感觉自己的付出与经济获得不成正比等。只要直面生活，谁也无法否认这样一个基本事实：人格的完善、生命的维持、存在的尊严、潜能的发挥、事业的成就、生活的美好，都需要有一定的物质条件为前提。虽然物质财富本身并不简单地直接等同于人生幸福，但幸福无须讳言物质财富的拥有。费尔巴哈当年在批判资本主义制度时，曾一针见血地指出：“没有德行就没有幸福，这个话你说得对，你是道德学家，我衷心地同意你，我已这样承认你！但是，你须注意：没有幸福就没有德行，因此，道德就归属到私人经济和国民经济领域中来了。如果没有条件取得幸福，那就缺乏条件维持德行。德行和身体一样，需要饮食、衣服、阳光、空气和住居。如果人们挤住在一起，如像在英国的工厂中和工人住宅（假设能把猪栏也叫做住宅的话）中，如果人们甚至缺乏足够量的新鲜空气……那么也就完全谈不上道德了，那么德行最多也不过是工厂和资本家老爷们的专利品了。如果缺乏生活上的必需品，那么也就缺乏道德上的必要性。生活的基础也就是道德的基础。……必要的生活资料同时也是必要的德行资料。”① 虽然费尔巴哈在总体上忽视了精神价值对于人的意义，但是他强调物质条件对于人的存在意义、为劳动者物质生活幸福辩护的思想却是值得我们深思与肯定的。

就现实来说，教师也是尘世中的普通人，而非超人，他们也要面对和解决吃、穿、住、行等人的基本生存问题。只有这些物质条件达到能维持生命肌体的需要时，教师才有可能追求更高层次的精神幸福。近几年来，虽然我国教师的物质生活状态有了较大的改善，但和他们劳动的复杂性、特殊性相比，其待遇仍显偏低。从整体上来说，我国广大教师的思想觉悟是较高的，他们中的大多数人不计名利、无私奉献、辛勤耕耘，但我们不能因为广大教师具有较高的觉悟而忽视其作为常人对生活的正当物质需要。马克思曾经说过：“人们奋斗所争取的一切，都同他们的利益有关。”②恩格斯认为：“在一定条件下，利益机制可以成为历史发展的杠杆。”③ 也就是说，在现实生活当中，人不仅要追求生活的意义、超越现实与自我、进行创造性的活动，而且也要满足自然生命体的物质利益需要。为此，他必须劳动，必须参与社会事务，必须选择职业或专业，从而解决实际的物质层次的生活问题。要想招聘到一流的年轻教师，并且使其全心投入教育工作，必须首先满足年轻教师的基本生活需求，使其拥有相对较好的、有保障的物质生活条件。在当今学界，很少有学者关注年轻教师的需求，因为他们这个群体还没有取得高校内的发言权，所以在大学年轻教师选聘以及使用的过程当中，我们应该对年轻教师的待遇多一些关注，多一些扶持。

当然，物质上的支持对于大学年轻教师是必要的，物质奖励确实能对年轻教师的职业追求起到更大的激励作用，但是教师职业幸福具有精神

---

① 费尔巴哈哲学著作选集（上卷）[M]. 上海：三联书店，1959：569－570.

② 马克思恩格斯全集（第1卷）[M]. 北京：人民出版社，1956：8.

③ 马克思恩格斯全集（第4卷）[M]. 北京：人民出版社，1956：233.

性，特别是那些有志于投入教育事业的年轻人，把荣誉性奖赏当做奖励物，并非人们想象的那样不能真正起到激励的作用。既然奖励并不等于奖励物的经济价值，那么即使荣誉证书本身一文不值，它也是有价值的，只不过这种价值不能换算为金钱而已。[①] 荣誉是社会和他人对教师的选择、追求和作为的褒扬，是对教师自我价值的肯定和确认，能使教师赢得他人和社会的尊敬，从而提高教师的社会地位和社会声望，这都可以使教师产生成就感并因而获得职业幸福。“待遇不仅仅是薪水，尽管薪水在其中占很大的比重。待遇是个多元的概念，还包括三险等。正如我们经常讲的，培训是最大的福利。努力提高教师的待遇，不仅仅是学校的职责，更是政府的责任。”[②] 许多学校将培训和进修学习当做奖励发放，收到了很好的效果。笔者认为当今社会发行福利彩票、体育彩票等，这类彩票都是用来扶持公共利益的，作为大众受益的教育，如果能发行彩票，筹集一定的资金用来扶持教育事业，改善教师的待遇问题，或许我们的高校会有一个卓越的飞跃。

## 6.5　文化之优化

教师是在文化环境中从事职业活动的，文化环境会对教师选聘工作产生直接的影响。和谐的文化环境可以为教师的职业活动提供条件、便利和激励，促进教师职业幸福的实现以及吸引年轻人选择从事教育工作，而不良的文化环境则会给教师职业幸福的实现设置障碍，贬抑教师的职业作为，使高校难以招聘到优秀的年轻教师。

●学校物质文化引导

学校物质文化是学校师生员工在教育实践过程中创造的各种物质设施，它们能够迅速地为教师提供感官刺激，给教师一种有意义的感情熏陶和启迪，是表层的学校文化。优秀的学校文化总是通过学校标志、学校环

① 江畅．幸福与和谐［M］．北京：人民出版社，2005：523.
② 肖川．着力提高教师生活的幸福指数［N］．中国教育报，2007－12－18.

境、学校文化设施等物质表现形式体现的。

学校的标志不仅要突出教育的特点，更应该在此基础上体现本校的特色，而校训、校旗、校徽等是达到此目的的最直接的手段。

学校环境是校园文化的体现。“学校是不是整洁、干净、亮丽、宁静、舒适，对于生活在其中的每一个人来说都是很重要的。周边环境也不可忽视，所以学校地选址应该选择比较宁静、有序以及治安状况比较好的地方。要让学校成为一个温暖的家，学校物质环境也是一个重要的方面。”① 学校环境的优劣会直接影响教师是否选择服务于这所高校，也会直接影响教师的工作效率和情绪，因此，环境和学校硬件也是吸引人才的一个方面。保持学校的整洁和干净，优化学校的环境是重视人才的体现，比如北京师范大学珠海分校，其优美的环境为其吸引了大批的优秀学者，无形之中为学校的发展起到了重要的作用。

学校的文化设施还包括图书馆、校园网、校园景观等。学校可能什么都很到位，但若没有为人的全面发展和丰富人的精神生活所需要的书籍，那就不算是学校，因此学校要重视图书馆的建设和图书资料的丰富性，并要重视图书资料的更新和使用率。另外，在校园内适当增加体现学校文化的人文景观，对师生可产生潜移默化的作用，也可吸引更多的人来参与学校的招聘工作。

●学校精神文化引导

学校精神文化是学校文化的深层表现形式，是指学校在长期的教育实践过程中，受一定的社会文化背景、意识形态影响而形成的为其全部或部分师生员工所认同和遵循的精神成果与文化观念。学校精神文化主要包括学校价值观、学校精神、学校形象等三个方面。

作为教师据以判断事物的标准，学校价值观一经确立并成为学校教师的共识，就会对学校具有持久的精神支撑力。学校价值观决定了学校的基

---

① 肖川．着力提高教师生活的幸福指数［N］．中国教育报，2007－12－18.

本特性，作为独立的组织文化共同体，学校内部必然具有体现本校特点的价值观，而这种价值观决定了学校的发展方向。比如，教师是把自己的教学工作看作是神圣的事业还是谋生的手段，是否关心学校整体的发展，等等。

学校精神的形成一般会经历一个较为漫长的过程，而一旦形成并作为一所学校师生员工共同表现出来的各具特色的行为方式和作风，便具有了相对的稳定性，并且可以形成一种强大的“文化效应场”。新应聘的教师在这个“场”的作用下必然受到熏陶和影响，从而使得个体自觉或者不自觉地适应学校精神的要求，产生强大的向心力和凝聚力。

学校形象是社会、家长等对学校的总体印象，是学校整体素质与文明程度的综合表现，也是学校文化最直接的外在表现方式。良好的学校形象是学校无价的无形资产。好的学校形象可以帮助其招募人才，也有利于应聘者个人的前途发展。学校良好的形象会赋予教师崇高的荣誉感，可以使得学校老师在社会上深切地感受到由于学校形象给自己带来的荣耀，从而更加努力工作，获得职业幸福感，并具有辐射效应，带来引得“凤凰满枝头”的效果，从而优化年轻教师选聘工作。

●学校制度文化引导

学校的组织结构和管理制度构成了学校的制度文化。

（1）学校的组织结构，是指学校为了有效实现学校的目标而建立的内部各组成部分及其关系的形式。这种形式确立了学校各成员之间的沟通方式、工作规范以及学校管理人员的权利及责任范畴。不同的学校文化有着不同的组织机构，不同的组织机构也可能导致不同的学校文化。需要注意的是，在外显的正式组织机构之外，学校组织当中还会存在着诸多自然形成的非正式组织，其中蕴藏着浓厚的友谊与感情的因素。这些组织通常以其成员之间所具有的共同思想，相互关爱，相互依赖为基础，自发形成，其最主要的作用在于满足个人不同的需要，并且这些组织一旦形成，便会产生各种行为规范，约束个人的行为。这种规范可能与正式组织目标一致，也可能不一致，甚至相抵制。因此在学校组织结构的设计过程当中，对于非正式组织应因势利导，发挥其积极的作用，关注新进教师队伍的发展，帮助其融入学校组织当中来，尽量避免其组织冲突带来的负面影响。人际关系是学校非正式组织的重要表现，并且对新教师的加入产生着重要的影响。

（2）学校的管理制度是学校在教育实践当中制定的各种带有强制性的规定和条例，包括学校的人事制度、教学管理制度、后勤管理制度、教学评价制度等。学校管理制度是保障教师活动正常开展、维护教师共同利益的一种强制手段。从学校精神塑造的角度来看，则需要赋予制度以精神文化的色彩，尤其应该注意在条文中突出学校发展目标追求、价值观念、素质要求、作风态度等精神方面的条款，赋予制度以灵魂，用制度吸引“人才”，用制度“留住”人才，同时也让学校管理制度深入到应聘人员的心理层面并发挥作用。

## 6.6 制度之优化

我们在对西方国家大学发展中教师聘任制度的三种典型样态进行简单梳理后，可以得出一些启示：

（1）教师聘任制度内生于大学发展之中。与中国大学的移植性痕迹相同，各种制度在一定程度上是他国制度与本国制度的嫁接与生发，大学的一些基本价值观在聘任制度中得到了充分体现，如学术自由、学者共同体的专业自主、同仁分享权利等，在特定社会背景和本国学术体制的基础上表现出不尽相同的具体制度安排。

教师的行为也受到评价制度的影响和制约，正如制度经济学家康芒斯在其《制度经济学》中对制度所做的形象比喻一样，他说：“制度似乎可以比作一座建筑物，一种法律和规章的结构，正像房屋里定居的人那样，个人在这个结构里面活动……”①简单来说，制度是思想的物化和相对稳定

① ［美］康芒斯．制度经济学［M］．于树生，译．北京：商务印书馆，1981：86－92.

下来的契约，是人们交往与行动的规则。

在心理上，制度笼罩人的行为乃至态度的精神氛围，默默地影响着人与人之间的关系；在管理上，无论人们反感它还是赞成它，在制度生效期间，制度是上下级之间、约束与自由之间、权力与权力接受之间起着统摄作用的一种中介物质，并往往在牢固的形式上分配着人们的资源和福利。因此，制度是所有管理要素的结晶。大学年轻教师招聘制度也不例外，应该成为大学内部管理事务中的核心问题之一。

（2）在聘任制度的建立过程中，学术职业作为一种独立的力量，其发育程度与聘任制度的规范化紧密相关。在以往的研究中，人们只注意了促进大学发展、推动大学各种内在制度建设的显性因素，如经济、政治、文化的作用。事实上，学术职业的发展进程是与高等教育的发展相一致的，在某种程度上，学术职业的职业化路径实际上是推动大学及其内部的教师任用制度发展和完善的基本动力之一。

（3）在聘任制中，大学和教师之间的利益追求并不总是趋于一致。当外界的干预力量对大学的自治表现出特定要求时，大学与教师之间经过若干博弈过程后，聘任制度最终要达成大学与教师之间关系的某种平衡和协调，在动态变化中实现“为大学”和“为教师”的目标。

高校人力资源管理，应该在相关的法律、法规框架内建立新的人力资源管理制度。高等教育多元化、开放性、更新性等特性，要求不断吸纳各行各业的优秀人才从事教育事业。高校教师的入职资格制度必须改革，入职的门槛应该相应地提高。在入职资格上，应打破学历、职称等的身份限制，注重和强调真才实学，不拘一格地选用人才。

# 附录一

## 大学年轻教师招聘制度建设调查问卷

尊敬的老师：

您好！

我是湖南师范大学高等教育管理专业博士研究生，一直很关注大学教师招聘工作。“大学者，非谓有大楼之谓也，而有大师之谓也”，大学教师对于大学的发展起着非常重要的作用，年轻教师的招聘更是大学新鲜血液的源泉所在。为了进一步优化我国大学教师招聘的相关制度，发现现实当中客观存在的问题，特设计了本次调查问卷。本次调查问卷主要针对大学年轻教师的招聘（问卷中每个问题的各项答案无所谓对或错，调查结果仅供研究分析之依据，个人填写资料绝对保密），请您在百忙当中认真、客观填写该份问卷。感谢您对该研究的支持！

一、基本情况（请在您认可的选项上打“√”）

1. 您所在的单位____________（请填写学校名称、您所在部门）

2. 您的性别：A. 男　　B. 女

3. 您的年龄：

A. 20～35 岁　　B. 36～50 岁　　C. 51～60 岁　　D. 60 岁以上

4. 您的最高学位是：

A. 本科　　B. 硕士　　C. 博士

5. 您现在的职称是：

A. 助教　　B. 讲师　　C. 副教授　　D. 教授　　E. 其他________（请填写）

6. 您从事教学工作的年限：

A. 2 年以下　　B. 3 ~ 5 年　　C. 5 ~ 10 年　　D. 10 年以上

7. 您的职务是：（可多选）

A. 普通教师　　B. 行政人员、教辅人员

C. 行政领导　　D. 教代会代表　F. 其他________（请填写）

二、单选题（请在您认可的选项上打“√”）

8. 您认为您所在的高校新进年轻教师招聘制度怎样？

A. 非常好　　B. 好　　C. 一般　　D. 不好

9. 您认为新进年轻教师招聘最重要的在于哪个环节？

A. 公告发布　　B. 教师选聘　　C. 教师培训　　D. 教师发展

10. 您认为新进年轻教师招聘对于高校的发展作用如何？

A. 非常重要　　B. 重要　　C. 一般重要　　D. 不重要

三、多选题（请在您认可的选项上打“√”）

11. 大学新进年轻教师招聘当中，您看重的是候选人什么样的能力？

A. 科研能力　　B. 教学能力　　C. 管理能力　　D. 人际交往能力

12. 您所在的高校一般采用哪些方式公布招聘信息？

A. 网络　　B. 当地新闻媒介C. 学术性杂志　D. 内部公布

E. 其他________（请填写）

13. 您所在的高校招聘新进年轻教师的原则有哪些？

A. 择优原则　　B. 公平、公开、公正原则

C. 效率原则　　D. 实用原则

14. 您认为新进年轻教师招聘团成员应该由以下哪些人员构成较为合理？

A. 学校领导　　B. 用人单位领导

C. 相关领域资深教授　　D. 人力资源部门专家

E. 普通教师代表　　F. 学生代表

G. 其他领域的教授　　H. 其他________（请填写）

15. 您认为哪种新进年轻教师选聘方法最为有效？

A. 简历过滤　　B. 试讲、试教　C. 面试

D. 候选人进行学术讲座　　　　E. 综合知识笔试

F. 其他________（请填写）

16. 大学新进年轻教师选聘过程当中，候选人哪些资质最为重要？

A. 学历、学位　B. 教学经验　　C. 毕业院校

D. 师德、思想品质　　　　　　E. 科研潜力

F. 社会资源

G. 其他________（请填写）

17. 您认为大学新进年轻教师招聘，监督机构应该由哪些部分组成？

A. 教师代表大会 B. 学术委员会　C. 人力资源部门

D. 校长办公室　E. 其他________（请填写）

四、您对大学教师招聘，尤其是新进年轻教师的招聘工作有什么宝贵意见与建议？

# 附录二

## 有关大学年轻教师选聘的有关调查

2009 年 5 月 20 日

同学：

你好！

本次问卷主要调查学生对于大学年轻教师招聘的相关观点，你们参与本次调查是没有物质报酬的，所收集的数据仅用作研究用途。本次调查将有助于提高教师引进的质量，并能促进大学新进教员制度的优化。感谢你对本次调查的支持。

●基本情况

1. 专业：____________________（请填写）

2. 籍贯：____________________（请填写）

3. 性别：____________________（请填写）

4. 班级（行政班）：______________（请填写）

●调查内容（可多选，请在选项上打“√”）

1. 你对大学新进年轻教师的个性期待？

A. 乐观型　B. 理智型　C. 亢奋型　D. 抑郁型

E. 活泼型

2. 你最看重大学新进年轻教师的哪些特质？

A. 学识　B. 师德　C. 教学经验　D. 教授风格

E. 教学效果　F. 科研能力

3. 你最喜欢的大学新进年轻教师的外表特征？

A. 青春靓丽　　B. 稳重端庄　　C. 年轻时尚　　D. 传统保守

4. 你心目当中理想的大学新进年轻教师，应该是：

A. 知识渊博的　B. 耐心教导的　C. 懂得教育、教学原理的

D. 亲切可爱的　E. 严格要求的　F. 朋友般的

G. 科研能力强的

5. 你认为大学年轻教师的聘用，学生应该参与评选吗？

A. 非常必要　　B. 必要　　C. 不知道　　D. 没有必要

6. 你认为大学里年轻教师占所有教师的比例，多少为合适？

A. 20%　　B. 40%　　C. 60%　　D. 80%

7. 你所喜爱的年轻教师是什么样的？请描述一下，谢谢！

# 附录三

## 开放式访谈主题

2009 年 5 月 23 日

1. 请您谈谈招聘大学年轻教师的经历以及感受。

2. 您认为学校大学年轻教师的招聘制度怎样？有什么可以改进的地方吗？

3. 您认为什么样的招聘程序或招聘方法才能真正意义上招聘到合适的教员？

4. 您认为大学年轻教师的招聘评审委员会应该由哪些人组成？学生应该参与评审吗？

5. 您作为校领导或者院领导，认为什么样的年轻大学教师是理想的人选？您可以简单描述或说明一下吗？

6. 怎样判断一位大学年轻教师具有研究的潜质？作为年轻大学教师，您认为其研究潜质重要还是教学的能力重要？或者二者一样重要？

7. 您认为大学年轻教师的招聘在整个教师招聘当中的地位如何？年轻教师占到整体教师数量的多少比例比较合适？

8. 在大学年轻教师的招聘过程当中，对于领导打招呼或者不称职的应聘者，您会如何处理？您认为公平、公正地选拔优秀的人才是否关系到大学教师队伍的构成？

9. 请您谈谈大学年轻教师招聘实际工作当中存在的问题。针对问题请您谈谈优化的意见以及改革的措施。

# 参考文献

## （一）中文文献

（1）著作部分

[1] [美] 菲利普·G. 阿特巴赫. 比较高等教育：知识、大学与发展. 人民教育出版社教育室，译. 北京：人民教育出版社，2001.

[2] 陈学飞. 美国、德国、法国、日本当代高等教育思想研究. 上海：上海教育出版社，1998.

[3] [美] 华勒斯坦，等. 学科·知识·权力. 刘健芝，等，译. 北京：生活·读书·新知三联书店，1999.

[4] [法] 爱弥尔·涂尔干. 教育思想的演进. 李康，译. 上海：上海人民出版社，2003.

[5] 张维迎. 大学的逻辑. 北京：北京大学出版社，2004.

[6] 别敦荣. 中美大学学术管理. 武汉：华中科技大学出版社，2000.

[7] [以色列] 约瑟夫·本-戴维. 科学家在社会中的角色. 赵佳苓，译. 成都：四川人民出版社，1988.

[8] [美] 卡尔·博格斯. 知识分子与现代性的危机. 李俊，蔡海榕，译. 南京：江苏人民出版社，2002.

[9] [美] 伯顿·R. 克拉克. 高等教育系统——学术组织的跨国研究. 王承绪，等，译. 杭州：杭州大学出版社，1994.

[10] 钱理群，高远东. 中国大学的问题与改革. 天津：天津人民出版社，2003.

[11] 周欣．高等学校师资管理．桂林：广西师范大学出版社，1998.
[12] 全国高等学校师资管理研究会．高校师资管理研究．上海：华东师范大学出版社，1986.
[13] 陈文申．公共组织的人事决策——转型期中国大学人事改革的政策选择. 郑州：河南人民出版社，2002.
[14] 陈锡章．永恒的主题——大学教师队伍建设的思考．北京：科学出版社/龙门书局，2000.
[15] 国家教育委员会人事司．高等学校内部管理体制改革的实践与探索．北京：北京师范大学出版社，1994.
[16] 教育部人事司．大力推进新一轮高校内部管理体制改革．北京：中央广播电视大学出版社，1999.
[17] 教育部人事司高等学校教师队伍建设研究课题组．中国高等学校教师队伍建设研究报告．北京：高等教育出版社，1999.
[18] 胡泽思．职称制度改革新论．上海：复旦大学出版社，1991.
[19] 徐颂陶．神圣的天职——中国现代人事管理．北京：中国人事出版社，1996.
[20] 朱庆芳．现代事业人事管理．北京：中国人事出版社，1997.
[21] 褚宏启．中国教育管理评论（第一卷）．北京：教育科学出版社，2003.
[22] 赵学华，徐凤云．学校内部体制改革理论与实践．北京：北京大学出版社，1990.
[23] 蔡克勇．20 世纪的中国高等教育（体制卷）．北京：高等教育出版社，2003.
[24] 陈永明．MPA 教师教育研究．上海：华东师范大学出版社，2003.
[25] 郭志明．美国教师专业规范历史研究．北京：中国社会科学出版社，2004.
[26] 贺国庆．德国与美国大学发达史．北京：人民教育出版社，1998.

[27] 周志宏. 学术自由与大学法. 台北：蔚理法律出版社，1989 [民国78].

[28] 钱理群. 学魂重铸. 上海：文汇出版社，1999.

[29] 杜作润，高烽煜. 大学论. 成都：四川教育出版社，2000.

[30] 眭依凡. 大学校长的教育理念与治校. 北京：人民教育出版社，2001.

[31] 霍益萍. 近代中国的高等教育. 上海：华东师范大学出版社，1999.

[32] 杨东平. 大学之道. 上海：文汇出版社，2003.

[33] [英] 阿什比. 科技发达时代的大学教育. 滕大春，滕大生，译. 北京：人民教育出版社，1983.

[34] [德] 马克斯·韦伯. 学术与政治. 冯克利，译. 北京：外文出版社，1998.

[35] [英] 斯蒂芬·J. 鲍尔. 教育改革——批判和后结构主义的视角. 侯定凯，译. 上海：华东师范大学出版社，2002.

[36] [美] 乔治·里茨尔. 社会的麦当劳化. 顾建龙，译. 上海：上海译文出版社，1999.

[37] [美] 乔纳森·科尔. 科学界的社会分层. 北京：华夏出版社，1989.

[38] [美] 道格拉斯·诺斯. 制度、制度变迁与经济绩效. 刘宁英，译. 上海：三联书店，1994.

[39] [美] 盖瑞.J. 米勒. 管理困境——科层的政制经济学. 王勇，等，译. 上海：三联书店，2002.

[40] 董克用. 中国转型时期薪酬问题研究. 北京：中国劳动社会保障出版社，2003.

[41] [美] 罗伯特·欧文斯. 教育组织行为学. 孙绵涛，等，译. 武汉：华中师范大学出版社，1987.

[42] 刘献君. 大学之思与大学之治. 武汉：华中理工大学出版社，2000.

[43] 孔宪铎．我的科大十年（修订版）．北京：北京大学出版社，2004.
[44] 丁学良．什么是世界一流大学．北京：北京大学出版社，2004.
[45] 教育部中外校长论坛领导小组．大学校长视野中的大学教育．北京：中国人民大学出版社，2004.
[46] [美] 詹姆斯·杜德斯达．21 世纪的大学．刘彤，译．北京：北京大学出版社，2005.
[47] 戴晓霞，等．高等教育市场化．北京：北京大学出版社，2004.
[48] [美] 约翰·布鲁贝克．高等教育哲学．王承绪，等，译．杭州：浙江教育出版社，2001.
[49] [美] 克拉克·克尔．大学的功用．陈学飞，译．南昌：江西教育出版社，1994.
[50] [加] 许美德．中国大学 1985—1995：一个文化冲突的世纪．许洁英，译．北京：商务印书馆，2000.
[51] [美] 唐纳德·肯尼迪．学术责任．阎凤桥，等，译．北京：新华出版社，2002.
[52] [美] 伯顿·R. 克拉克，等．高等教育新论——多学科研究．王承绪，等，译．杭州：杭州大学出版社，1987.
[53] [美] 伯顿·R. 克拉克．学术权力——七国高等教育体制比较．王承绪，等，译．杭州：杭州大学出版社，1987.
[54] [法] 雅克·勒戈夫．中世纪知识分子．张弘，译．北京：商务印书馆，1996.
[55] [德] 卡尔·雅斯贝尔斯．什么是教育．邹进，译．北京：生活·读书·新知三联书店，1991.
[56] [美] 刘易斯·科塞．理念人：一项社会学的考察．郭方，等，译．北京：中央编译出版社，2004.
[57] [德] 卡尔·雅斯贝尔斯．时代的精神状况．王德峰，译．上海：上海世纪出版集团，2003.

[58] [美] 伯顿·克拉克．建立创业型大学：组织上转型的途径．王承绪，译．北京：人民教育出版社，2003.

[59] [美] 罗伯特·伯恩鲍姆．大学组织与领导的控制系统．别顿荣，译．青岛：中国海洋出版社，2003.

[60] [英] 波特．组织和心理契约——对工作人员的管理．马金，等．北京：北京大学出版社，2000.

[61] 乔玉全．21 世纪美国高等教育．北京：高等教育出版社，2000.

[62] 赵曙明．美国高等教育管理研究．武汉：湖北教育出版社，1992.

[63] 郑也夫．代价论——一个社会学的新视角．北京：生活·读书·新知三联书店，1995.

[64] 郑也夫．知识分子研究．北京：中国青年出版社，2004.

[65] 李家宝．一流大学的管理与改革．哈尔滨：哈尔滨工业大学出版社，1994.

[66] 黄福涛．外国高等教育史．上海：上海教育出版社，2003.

[67] 陈洪捷．德国古典大学观及其对中国大学的影响．北京：北京大学出版社，2002.

[68] 金耀基．大学的理念．北京：生活·读书·新知三联书店，2001.

[69] 冯大鸣．沟通与分享——中西教育管理领衔学者世纪会谈．上海：上海教育出版社，2002.

[70] 博雅．北京大学激进变革．北京：华夏出版社，2003.

[71] 施晓光．美国大学思想论纲．北京：北京师范大学出版社，2001.

[72] [德] 柯武刚，史漫飞．制度经济学：社会秩序与公共政策．韩朝华，译．北京：商务印书馆，2003.

[73] 阎光才．识读大学——组织文化的视角．北京：教育科学出版社，2002.

[74] [美] 欧内斯特·博耶．美国大学教育——现状·经验·问题及对策．复旦大学高教所，译．上海：复旦大学出版社，1988.

[75] [美] 德里克·博克. 美国高等教育. 乔佳义，编译. 北京：北京师范大学出版社，1991.
[76] [加] 迈克·富兰. 变革的力量——透视教育改革. 中央教育科学研究所，加拿大多伦多国际学院，译. 北京：教育科学出版社，2000.
[77] [加] 本杰明·莱文. 教育改革——从启动到成果. 项贤明，等，译. 北京：教育科学出版社，2004.
[78] [美] 爱德华·W. 萨义德. 知识分子论. 单德兴，译. 北京：生活·读书·新知三联书店，2002.
[79] 陶遵谦. 国外高等学校教师聘任及晋升制度. 上海：华东师范大学出版社，1984.
[80] 吴刚. 知识演化与社会控制——中国教育知识史的比较社会学分析. 北京：教育科学出版社，2002.
[81] 周光礼. 学术自由与社会控制——学术自由的制度分析. 武汉：华中科技大学出版社，2003.
[82] 陈平原. 北京大学精神及其他. 上海：上海文艺出版社，2000.
[83] 陈永明. 现代教师论. 上海：上海教育出版社，1999.
[84] 瞿葆奎. 教育学文卷——教师. 北京：人民教育出版社，1991.
[85] 张宝泉. 美苏英德法高等教育管理比较. 长春：东北师范大学出版社，1998.
[86] [波兰] F. 兹纳涅茨基. 知识人的社会角色. 郑斌祥，译. 上海：译林出版社，2000.
[87] [英] 约翰·怀特. 再论教育目的. 李永宏，等，译. 北京：教育科学出版社，1997.
[88] [英] 波普尔. 科学知识进化论. 纪树立，编译. 北京：生活·读书·新知三联书店，1987.
[89] [美] 亚伯拉罕·弗莱克斯纳. 现代大学论——美英德大学研究. 徐辉，等，译. 杭州：浙江教育出版社，2001.

[90] [美] 杜威. 民主主义与教育. 北京：人民教育出版社，1984.
[91] 李晓燕. 我国教师的权利与义务及其实现保障机制研究. 广州：广东教育出版社，2001.
[92] 胡建华. 现代中国大学制度的原点：50 年代初期的大学改革. 南京：南京师范大学出版社，2001.
[93] [美] 乔治·斯蒂格勒. 知识分子与市场. 北京：首都经济贸易大学出版社，2001.
[94] [美] 华勒斯坦. 21 世纪的社会科学//世界社会科学报告（1999）. 北京：社会科学文献出版社，2001.
[95] 王英杰. 美国高等教育的发展与改革. 北京：人民教育出版社，2002.
[96] [美] 亨利·罗索夫斯基. 美国校园文化：学生·教授·管理. 谢宗仙，等，译. 济南：山东人民出版社，1996.
[97] [澳] 马尔科姆·沃特思. 现代社会学理论. 杨善华，等，译. 北京：华夏出版社，2000.
[98] 王斌华. 发展性教师评价制度. 上海：华东师范大学出版社，1998.
[99] 康永久. 教育制度的生成与变革. 北京：教育科学出版社，2003.
[100] [英] 托尼·布什. 当代西方教育管理模式. 强海燕，译. 南京：南京师范大学出版社，1998.
[101] [美] 阿马缔亚·森. 伦理学与经济学. 王宇，等，译. 北京：商务印书馆，2001.
[102] 谢维和. 教育活动的社会学分析——一种教育社会学的研究. 北京：教育科学出版社，2000.
[103] 崔玉平. 高等教育制度创新的经济学分析. 北京：北京师范大学出版社，2002.
[104] 张德祥. 高等学校学术权力与行政权力. 南京：南京师范大学出版社，2002.
[105] 周方良. 知识分子经济政策研究：困境与出路. 北京：春秋出版社，

1989.
[106] 成思危．中国事业单位改革——模式选择与分类指导．北京：民主建设出版社，2000.
[107] 赵立波．事业单位改革——公共事业单位发展新机制探悉．济南：山东人民出版社，2003.
[108] 黄恒学．中国事业管理体制改革研究．北京：清华大学出版社，1998.
[109] 赵曙明．人力资源管理．北京：中国人民大学出版社，2001.
[110] 余凯成，等．人力资源管理．大连：大连理工大学出版社，1999.
[111] 李路路，李汉林．中国的单位制度：资源、权力与交换．杭州：浙江人民出版社，2000.
[112] [美] 罗纳德·克林格勒，约翰·纳尔班迪．公共部门人力资源管理：系统与战略（第四版）．北京：中国人民大学出版社，2001.
[113] 公共部门人力资源管理编写组．公共部门人力资源管理．北京：中国国际广播出版社，2002.
[114] 殷海光．中国文化的展望．北京：中国和平出版社，1988.
[115] 李彦奎．高等学校教师论．天津：天津人民出版社，1989.
[116] [美] J. A. 森特拉．大学教师工作评估．许建，等，译．北京：北京航空航天大学出版社，1992.
[117] [法] 雅克·勒戈夫．中世纪的知识分子．张弘，译．北京：商务印书馆，1999.
[118] 黄福涛．外国高等教育史．上海：上海教育出版社，2003.
[119] 贺国庆，等．外国高等教育史．北京：人民教育出版社，2003.
[120] 杨汉清，等．比较高等教育概论．北京：人民教育出版社，1997.
[121] 高奇．中国高等教育思想史．北京：人民教育出版社，2001.
[122] [美] 唐纳德·肯尼迪．学术责任．阎凤桥，等，译．北京：新华出版社，2002.

［123］陈平原．中国大学十讲．上海：复旦大学出版社，2002.
［124］张俊宗．现代大学制度：高等教育改革与发展的时代回应．北京：中国社会科学出版社，2004.
［125］滕大春．美国教育史．北京：人民教育出版社，1994.
［126］王英杰．美国高等教育的发展与改革．北京：人民教育出版社，2002.
［127］霍益萍．近代中国高等教育．上海：华东师范大学出版社，1999.
［128］余立．中国高等教育史．上海：华东师范大学出版社，1994.
［129］郑登云．中国高等教育史．上海：华东师范大学出版社，1994.
［130］熊明安．中国高等教育史．重庆：重庆出版社，1988.
［131］张宝泉．美、苏、英、德、法高等学校管理比较．长春：东北师范大学出版社，1998.
［132］［日］青木昌彦．比较制度分析．上海：上海远东出版社，2001.
［133］吴康宁．教育社会学．北京：人民教育出版社，1998.
［134］潘懋元．中国近代教育史资料汇编（高等教育）．上海：上海教育出版社，1993.
［135］陈学飞．美国高等教育发展史．成都：四川大学出版社，1989.
［136］张楚廷．教育原理．长沙：湖南教育出版社，2007.
［137］德斯勒．人力资源管理（第九版）．北京：中国人民大学出版社，2006.
［138］谢安邦．比较高等教育．桂林：广西师范大学出版社，2002.
［139］谢安邦．走向21世纪的教师教育．北京：北京教育出版社，1997.
［140］龙君伟．校本人事：开发与管理．广州：广东高等教育出版社，2002.

（2）论文部分

［141］刘献君．我国高校教师聘任制的特点及实施策略．高等教育研究，2003（5）.

[142] 周光礼. 高校教师聘任制度与教师权益法律保护. 高等教育研究，2003 (5).

[143] 吴鹏. 教师聘任制改革的探索与有效性审查. 高等教育研究，2003 (5).

[144] 郭卉. 聘任制中的教师工作评价：对价值冲突的思考与回应. 高等教育研究，2003 (5).

[145] 杨锐. 当代学术职业的国际比较研究. 高等教育研究，1997 (5).

[145] 李春萍. 分工视角中的学术职业. 高等教育研究，2002 (6).

[145] 郭丽君. 学术职业的思考. 学术界，2004 (6).

[148] 许笛. 美国高等教育教师设置及结构. 学位与研究生教育 ，1998 (6).

[149] 徐毓龙，樊来耀. 德美两国高等学校教师聘任制度研究. 学位与研究生教育，2001 ( 2－3).

[150] 邓小林. 近代中国大学教师聘任、晋升等问题. 求索，2004 (1).

[151] 阎光才. 对大学人事制度改革的反思. 探索与争鸣，2003 (10).

[152] 周作宇. 美国终身教授制的变迁与启示. 高等教育研究，2001 (3).

[153] 王笛. 学术环境与学术发展：再谈中国问题与西方经验. 开放时代，2002 (2).

[154] 李长华. 美国高校教师管理的新变化及原因探究. 比较教育研究，2002 (6).

[155] 柯森. 高校人事制度改革：一种从高校学者角度所作的探讨. 高教探索，1999 (2).

[156] 阎凤桥. 学术劳动力市场的特性与研究型大学的教师聘任制度. 北京大学教育评论，2005 (3).

[157] 安玉海. 国外高校教师的合理流动机制及对我们的启示. 比较研究研究，1996 (5).

[158] 徐辉. 国外高校教师队伍管理的历史发展及启示. 比较教育研究，

2003（10）.

［159］陈永明．大学教师任期制的国际比较．比较教育研究，1999（1）.

［160］李子江．论美国学术自由的组织与制度保障．比较教育研究，2003（10）.

［161］教育部教育管理信息中心．外国高校对教学与科研人员的招聘任命晋升和解聘．教育参考资料，2001（11）.

［162］宣勇．大学内部管理体制改革的价值取向．浙江社会科学，2001（5）.

［163］刘剑虹．转型期高校人事制度改革的过渡性特征与制度重构．中国高校师资研究，2004（2）.

［164］吕玉刚．深化高校人事制度改革的几点思考．中国高等教育，2005（7）.

［165］纪宝成．以改革精神把教师聘任制完善和实施好．中国高等教育，2005（7）.

［166］刘献君．把握方向，实现教师聘任制与其目标．中国高等教育，2005（7）.

［167］李萍．高校人事制度改革的哲学思考．中国高等教育，2005（9）.

［168］张维迎．学术自由、"官本位"及学术规范．读书，2004（1）.

［169］李猛．大学改革与学术传统．读书，2004（1）.

［170］蔡毅．建立一套良好的学术评价体系．学术界，2003（6）.

［171］王中林．美国大学教授职称和终身制的评审过程．中国高等教育，2002（6）.

［172］刘献君．关于师资建设和管理的几个问题．中国高校师资研究，2003（1）.

［173］吕玉刚．提高教师素质是一项重要而紧迫的任务——在全国高校师资管理研究会专题研讨会上的讲话（摘要）．中国高校师资研究，2003（3）.

[174] 张建祥．高校人力资源开发与管理新机制探索．高等教育研究，2002 (2).

[175] 宋永刚．人才战略与高校教师队伍建设的政策取向．高等教育研究，2002 (3).

[176] 谢安邦．建立教师资格认证制度，推进师范教育改革．高等师范教育研究，2002 (2).

[177] 谢安邦，荀渊．对我国建立教师教育认可制度的思考．教师教育研究，2005 (5).

[178] 袁祖望．发达国家高校教师选拔的比较．有色金属高等教育研究，2000 (2).

[179] 吕杰．德、法高校教师资源开发与配置的机制和特点．中国高等教育，2002 (20).

[180] 丁文珍．美国教师聘任制状况研究．外国教育研究，2002 (9).

[181] 杨存荣，等．略论高校人事制度改革．清华大学教育研究，2003 (2).

[182] 潘懋元，等．北京大学教师聘任制笔谈．集美大学学报，2003 (3).

[183] 赵曙明，等．建立现代大学制度的重要之举——深化我国高校人事制度改革的政策建议．高等教育研究，2005 (4).

**(二) 英文文献**

[184] Finkin, Matthew W, Verification and Trust: Background Investigations Preceding Faculty Appointment, Academe Nov2004, Vol. 90 Issue 6, p79, 3p.

[185] Elman, Sandra E, A Regional Accreditation Perspective on Contingent Faculty Appointments, New Directions for Higher Education; Fall2003 Issue 123, p71, 8p.

[186] Mooney, Carolyn J, FACULTY NOTES: Plan to change faculty appointments debated at U. of Miami, Chronicle of Higher Education; 11/20/91,

Vol. 38 Issue 13, pA18, 1/4p.

[187] Cole, Bryan R, Applying total quality management principles to faculty selection, Higher Education; Jan95, Vol. 29 Issue 1, p59, 17p, 4 diagrams.

[188] American Association of State Colleges and Universities. Facing Change: Building the Faculty of the Future. Washington, DC., 1999.

[189] American Association of University Professors. On Periodic Evaluation of Tenured Faculty. In AAUP Policy Documents and Reports. Washington, DC: AAUP., 1995.

[190] Wells, Coralie. Post-Tenure Review: Department Procedures. The Depar tment Chair, 1999, 10 (1): 2-3.

[191] Crawley, Arthur L. Senior Faculty Renewal at Research Universities: Implications for Academic Policy Development. Innovative Higher Education, 1995, 20 (2): 71-94.

[192] Goodman, Madeleine, J. The Review of Tenured Faculty at a Research University: Outcomes and Appraisals. The Review of Higher Education, 1994, 18 (1): 83-94.

[193] Joel W. Meyerson and William F. Massy, editors. Measuring institutional performance in higher education. Princeton, NJ: Peterson' s, 1994.

[194] Blackburn, Robert T. and Jane H. Lawrence. Aging and the Quality of Faculty Job Performance. Review of Education Research, Fall 1986,: 265-290.

[195] AAUP. Contingent Appointments and the Academic Profession. Academe, Sep/Oct2003, Vol. 89 Issue 5: 59, 12p.

[196] Kwok, Percy L. Y. Forming the Academic Profession in East Asia: a comparative analysis (Book). Compare: A Journal of Comparative Education, 2003 (9), Vol. 33 Issue 3: 415, 3p.

[197] Finkelstein, Martin. The Morphing of the American Academic Profession. Liberal Education, 2003 Fall, Vol. 89 Issue 4: 6, 10p, 2bw.

[198] Altbach, Philip G. Introduction to Higher Education theme issue on the Academic Profession in Central and Eastern Europe. Higher Education, 2003 (6), Vol. 45 Issue 4: 389, 1p.

[199] Oakes, Guy. Academic Career Management: The Higher Learning in the Age of Marketing. International Journal of Politics, Culture & Society. Summer 2003, Vol. 16 Issue 4: 599, 13p.

[200] North , Joan. Post - Tenure Review: Rehabilitation or Enrichment. AAHE Bulletin, April 1999, 51 (8): 10 - 13.

[201] Post - Tenure Review: An AAUP Response. American Association of University Professors.

[202] Allen, Henry Lee. Tenure: Why Faculty, and the Nation, Need It. The NEA Higher Education Journal.

[203] Allen, Henry Lee. Workload and Productivity in an Era of Performance Measures. The NEA 1999 Almanac of Higer Education, 27 - 44. Washington, D. C. NEA Publishing , 1999.

[204] Chait, Pichard and Cathy A Trower. Where Tenure Does Not Reign: Colleges With Contract Systems. AAHE Working Paper Series, New Pathways: Faculty Careers and Employment for the 21st Century. Washington, D. C. , 1997.

[205] Trower, C. Ann. Employment Practices in the Professions: Fresh Ideas From Inside and Outside the Academy. AAHE Working Paper Series, New Pathways: Faculty Careers and Employment for the 21st Century. Washington, D. C. , 1998.

[206] Schuster, Jack H. and Matin Finkestein. The American Faculty: Restructuring academic work and careers. Baltimore: Johns Hopkins Univer-

具，阅读英文文献，获得第一手材料，为我的研究提供了极大的方便。欧美的研究方法，更是丰富了我的研究途径。

2008 年 8 月，我应聘到了北京师范大学珠海分校国际学院，在那里，我真正地成为一名高校教师，成就了我的教师梦想。在工作当中，我体会到了更为细致的教育问题，现实与理论的差距，的确让我庆幸自己的选择，我希望从教学中体味到更多教育的东西，希望从我的同事、领导的经验以及自己的观察和体验当中，懂得高校运作的模式。2009 年，我从珠海回到湖南，来到了长沙师范学校，学校领导思想开明，治校有方，在这宽松的科研氛围里，我更加体会到了学术的乐趣所在。

我热爱学术研究，在从教的日子里，能有时间去思考、去总结，用心去发现，以一个研究者的身份去教学，得到的自然更多。热爱教育的我，将在以后的岁月里，勤于思考，努力攻读，将有限的时间投入到无限的教育科研当中。

路漫漫，其修远兮，吾将上下而求索。

最后，感谢长沙师范学校的领导和同事们，感谢湖南师范大学教育科学学院的老师及同学们，感谢湖南师范大学出版社的朋友们，感谢我的家人。对于你们的爱护与帮助，发自心底的一句话，感谢你们！